砚湖生儿

我们的一年集

华南师大文学院写作教研室 ◎ 编

广东高等教育出版社
·广州·

图书在版编目（CIP）数据

砚湖星光：我们的一年集/华南师大文学院写作教研室编. —广州：广东高等教育出版社，2025.5.
ISBN 978-7-5361-7918-9

Ⅰ.I217.1

中国国家版本馆CIP数据核字第2025S2X852号

YANHU XINGGUANG：WOMEN DE YINIAN JI

出版发行	广东高等教育出版社
	地址：广州市天河区林和西横路
	邮政编码：510500　电话：(020) 87553335
	http://www.gdgjs.com.cn
印　　刷	广州小明数码印刷有限公司
开　　本	787毫米×1 092毫米　1/16
印　　张	13
字　　数	241千
版　　次	2025年5月第1版
印　　次	2025年5月第1次印刷
定　　价	42.00元

出 版 说 明

一、本书收录 44 篇文章，这些文章来自华南师范大学文学院全日制本科 2020 级至 2022 级学生的课外创意写作训练，这一训练是文学院基础写作课程教学的重要组成部分。

二、本书所录文章，按其内容所表现的社会生活领域进行编排。

三、本书所录文章，除个别错漏的字句有改动外，均保持原文风貌，并在标题下方注明作者及其投稿时所就读的年级，著作权归原作者所有。

序

　　课外作文一直是华南师范大学文学院基础写作课的传统训练及考查项目。它要求大一的学生在入学的第一个学年里，分上下两个学期各完成两万字的课外作文。之所以强调是课外作文，是因为其中不包括写作课的课内作文和练习，也不包括其他课程的作业和论文。这些课外作文要求用四百格的文稿纸，手工誊写，最后装订成册，期末交由任课老师评比和评分。

　　"写作是一项可以学习的技能"，这是写作教研室自诸孝正教授、陈佳民教授、胡经代教授、陈妙云教授等前辈开始，就秉持的教学理念。正因为如此，在有限的课堂教学和训练之外，我们还要求学生进行大量的课外写作练习。这一训练形式，依托文学院长期的、不懈的、大力的支持，至今已经坚持了四十年。

　　在文学院，课外作文有一个昵称——"小二万"。当然，一开始也并不叫"小二万"。四十年来，对课外作文的昵称从"百篇作文"到"小八十"，从"小三万"到"小二万"——甚至还被叫过"小七万"。这些昵称，反映了不同时期课外作文在字数和篇目数量上的不同要求，也反映了课外作文随着学校及学院的各项教学改革进行的调整变化，而这其中最为可贵的是，这一训练形式从来没有被放弃，也没有中断。对于汉语言文学（师范）专业的学生而言，端正态度，拿起笔来，通过大量的练习，熟练掌握各种写作技巧，写出得体的文章，是师范生一项必备的专业技能。这，已经成为文学院师生的共识。

　　每到新学期，布置课外作文的时候，我们都会听到学生一片哀嚎，然而到了期末，在收上来的文集序言里又常常会看到这样的话："我就像十月怀胎一样，孕育出了自己的第一本作文集。"每年，文学院的校友回学院时，常常会回忆起让他们又爱又恨的课外作文，"当年，我们写了整整两本课外作文集……"的确，课外作文集既是文学院学生师范技能的一个印证，也是他们生命成长的一个印证。正因如此，我们相信，大家在这本课外作文集里，不仅会看到同学们在诗歌、散文、小说创作中展露的写作才华和技能，而且还会在一词一句里，看到独属于这个时代青年人的梦想、思考和期待，看到最宝贵的少年意气和焕彩青春。

《砚湖星光：我们的一年集》由文学院写作教研室邓玉环老师、徐珊老师、张永璟老师和张建炜老师共同编定，不足之处还请各位读者指正。

华南师大文学院写作教研室
2024 年 10 月

目 录

爱我的人和我爱的人…1

妈咪…3

我家的老头…8

新写的旧事——我的旁观者父亲…12

"少女"布力汗…15

藏红花…18

外婆的岛…21

富贵！富贵！…25

外祖母…28

栖复惊…29

初恋…38

时光织梦…43

倾听一腔温柔…45

秋趣…48

乘桴于海…51

我想,我是这样的女孩…55

疑问集…57

浮生一日…59

豆光…61

冉冉红星东方升…65

海哭…68

梦…73

我和我的世界…79

礜石山…81

狮向远方…84

遮天蔽日的本子…90

向阳而生,追光前行…93

下乡小记…96

自由与自律之间…99

一个叫李华的学生每天都在循环…101

差生…106

在雨中不能站立的鸵鸟…110

卖芒助农…114

家乡与远方…121

 狮舞岭南，振兴乡村…123

 再见，小城…137

 街边心口甜…141

 南国的冬天…144

 治愈的"深音"…149

 忘不了那一碗凉茶…153

 "活在人间"组诗二首…156

 潮起不落，乡情永存…158

 小镇悠然…163

 春城此刻正烂漫…166

学习研究…169

 茅盾文学奖的现代转型与历史使命
  ——以茅盾文学奖获奖作品为例…171

 视点转移、多元结构与新乡土性
  ——论《星空与半棵树》的叙述策略…177

 反叛与异质性审美：浅论罗兰·巴特"零度写作"中的解构美学思想…184

 广州地名文化传承与中小学课堂融合的现状与对策研究…190

爱我的人
和我爱的人

妈 咪

2021 级　黄唯艺

　　19 年前的今天，我饱满清脆的嗷嗷大哭穿透南雄市人民医院的一扇小窗，在一个漂亮的折返跑后又转回到她的耳边。她说不出什么"称体宫衣覆雪肌"之类的好词句，只是在"母女平安"的报喜声中一个劲儿地叹着满足气。

　　我知道我该在这里称呼这个女人为"母亲"——书面语显得尊敬，细细读来也总藏着长久以来佳篇美文里蕴藉的情绪。但我还是爱叫她"妈咪"——粤语里孩童牙牙学语时最熟悉的两个音节，尽管我已经 19 岁。

　　"从我有记忆起，妈妈就是个中年妇女的样子。"又一年在时光的洪流里换上了更为古老的称谓。萱草花的热潮早已隐木成林，我妈却还没看过李焕英的故事。如果说时代的飓风真能掀起一串巨浪，她大概赶不上浪头也摸不着浪尾，只能当其中一叶摆渡的轻舟。

　　我妈年轻时没张小斐高挑，人到中年，也没有刘佳的苗条。眼看着里三层外三层的肚皮层叠，还远没到颐养的时候便出落得珠圆玉润，她打心底里明白身边人关于"福气"背后的客气。以礼还礼，她也总是披着一身福气笑得很有江湖气。她眉间窝着一颗粗粗黑黑的美人痣，左鼻翼很是潇洒地飞出一条浅肉色的摩托疤——说是跟我爸拍拖的时候骑摩托兜风给摔的。今年 46 岁的黄女士嘴上滚着话，微微低首时还真有些仿佛热恋中的娇媚，只是好景不长，她作为"妈"的职业病瞬间在攻城略地后变了一副皮相，叨叨絮絮了几番安全陈词后，她的大嗓门儿才正式停歇。这时她眼睛正聚在电视屏幕上，从侧面看还依然保持着方才半昂的姿势，似乎对那道不深不浅的摩托疤有着些漫不经心又几不可察的神气。

她手上炒锅的味道很是庸常，脑子里有几本口口相传也接近家喻户晓的厨房经略，端到餐桌上的喧腾热气里时而泛着清汤寡水，时而浸着重火宽油。"这菜就该这样好吃"，她的声音总能抢着我哑巴出味道的刹那将一道菜的好坏全然敲定——远在我表达着疑惑和思索的表情浮在脸上之前。她掌勺的功夫不甚高明，却也不妨碍她"好大喜功"，将乡里购置的一把大铁锅煸出大刀阔斧的架势——大筐备大碟盛大碗吃，有此壮而盛者，食材与佐料间微妙的灵感也就堪堪错肩了。

　　有几样名菜是她麾下常征的：西红柿鸡蛋面、土豆焖羊排、素炒芋头丝和上汤娃娃菜。芋头丝是个常胜将军。精心挑选的红芽芋，块头大，圈圈圆圆的深色纹理清晰厚实，有卧虎盘龙枝干的遒劲。热油干炒，翻至紫白斑驳的芋丝腰身渐软、冠履缀金，凑得近了还能扑到一鼻子焦黄的香气，就能添水佐味、改火细焖了。要说这水几何、味几许、火几文、候几时，器殊量异，全靠造化。她倚在灶炉边言传身教，张了张嘴却说不出什么名堂话来，一句轻飘飘的"凭感觉"，听来却颇有些仙风侠气，骄傲得有多怀才不遇似的。可偏偏这菜一上桌，管它是什么虾兵蟹将、玉盘珍馐，总不会虎落平阳埋了姓名。一盘清油素炒，出锅前伺候上鲜切的蒜苗段儿、小米辣，在我家四尺餐桌上叱咤了这许多年。配上氤氲出浴的瓷碗香米，总能叫我吃得丢盔弃甲、意乱情迷，颠倒间拍拍肚皮，直要寻那嫦娥仙子奔月去。我妈这一手屡战不败，可谓是赛出风格、赛出水平。

　　到了膻臭的羊排这儿，舌尖那阵精粹的战栗便全靠一味花椒的献祭——羊肉的醇厚还羞怯着犹抱琵琶半遮面，那一股子张扬的辛香就已先走一步，直爽的冲劲在口腔四壁横冲直撞。干红椒的辣是它腰佩的宝刃，衬着这点料峭锋芒，尾巴上翘起的酥麻也显得温柔了许多。我思椒心切，囫囵一口，差点吞了舌头，回过神来，嘴里只剩了两根孤零零的骨头。我妈怕腻，情愿花半个多小时修理过于肥厚的羊脂，却不肯挑掉熬出的羊油，于是事与愿违，整道菜依然叛逆地汪汪油着。黄心土豆被切成小块头，面乎乎、绵密密的，拾了一圈油光，安详地在大盘里泡着澡，味道也是很好的。我妈记着我吃花椒的口味，爱红不喜黑，炖羊排炖到临门一脚，却想起屋里红花椒早已寥寥，匆匆奔到市场去添，只带回一小捧黑。其实黑花椒炖羊排吃起来也不赖，她却跟念大悲咒似的把一句"没买到红的，有红的多好"来来回回地从桌前念到桌尾。

　　我妈切西红柿很有一套规矩，洗净对半，像西瓜瓤月牙尖，不胖不瘦，不偏不倚。西红柿只备姜蒜酱油，不火烤去皮，也不添番茄酱。她爱加水，炒出来的蛋总是湿漉漉的，头重脚轻的蒜粒在一片红黄里东躲西藏，在咀嚼的舞蹈里时不时蹦出来"蒜计"刺激我的味蕾。面汤色泽浅淡，挂在面上一吸溜，基本上就做到"原汁原味"了。爷爷[①]去世那天是个晴朗的中午，父亲正从单位急急赶回来。我妈下了三个蛋，切了四个番茄，端上了桌。一席无话，我坐在奔丧的快车上，没擦净的嘴角尝出了番茄的隐隐酸，筷子挑时，依旧是像西瓜瓤月牙尖，不胖不瘦，不偏不倚。

所谓上汤娃娃菜，葱姜水盐，便可成汤。我妈对味精和各式调料的不屑一顾，让本不精湛的手艺甚嚣尘上。她往厨房水槽边上一站，沥菜盆权当是搓衣板，下锅时三两颗亭亭玉立的菜苗，颠沛流离之下显得摧折又伶仃。吃起来一处绵软，一处生脆，于是在齿间便深一口浅一口地起伏着，由不得什么细细品味，便缓缓连汤下了肚。庸常的菜式我吃过不少，却从没有一样像我妈的上汤娃娃菜这般令我挂念。夸她做得好吃，怕是会骄傲当真，追究起来，大概是她会做我也不挑罢。

父亲五指不沾阳春水，我妈几乎操持了所有的柴米油盐。她腹中一弯热心肠，说话却不经什么考量，因而偶尔显得聒噪又固执。她不细腻也不粗粝，活在一个平面的方圆世界里，较真、爱贪小便宜，俗得有滋有味。她眼窝子浅，看到"可我妈还不会缝啊"就红了眼睛。她在大前年给不尽如人意的公司递了一封辞呈，从此粗圆的手指尖留起了长长的指甲，方便择菜时抠掉菜头的泥。

"所以我总忘记，妈妈也曾经是个花季少女"。她不少女了，也远称不上花季，那双澄澈明亮的大眼睛曾如何让父亲动过心，都仿佛已是上一辈子的事情——这些都是事实。她在成为"妈咪"之后心里总是有担心不完的事情，在书店里能当一个不折不扣的富婆，也成为对付蟑螂的练家子。她和眼角的鱼尾纹一样徜徉在岁月的大河里，手握一份能文能武的沉静，变得泼辣又温和、通透且世俗，变得谈不上什么大智大慧，却很是知性和从容。她不是少女了，也远称不上花季，但没人说这些同美不沾边。

我心存侥幸，毕竟我虽从未令我妈如何与有荣焉，却也没真正让她煎心烙肺过；毕竟我们的生命轨迹还这样在幸福和吵闹中严丝合缝地交叠在一起，我还能在她旁边四仰八叉地坐着吃花生、嗑瓜子，直到片尾曲缓缓响起。我妈的前半生像是一排独家珍藏的老旧胶片，在它那永恒的停格、沉默和说不清道不明的遗憾中尽显她的妩媚——无关乎我。她的后半生是个满面风霜的大肚婆娘，是个张口无牙的小老太太，叫人爱着恨着又爱着——有关乎我。

---

① 由于笔者个人家庭原因，外公唤作"爷爷"。

电视上的黑白滚动提醒我李焕英的故事落幕了。待洗的碗筷泡在池子里，关不紧的水龙头滴答作响。我不情不愿地挪过去，心里琢磨着什么时候能给我妈换个不卡的手机。今天是2022年2月18日，晴。今年我19岁，我妈46……啊不，45岁。还有将近8个月。10月7号也就是她的生日。

写在后面

　　本来没想着要写我妈。今年我生日那天，我跟她看了场电影，感动之余，又在青春的调色盘里替我妈感到些许的不公——芳华无限好，但无时不争老。最好的那几年无非也就是这样倏忽而过了，她是，我也是。我就觉着现在的她也不赖，不大的家里塞着些美满与缺憾，时而做做饭，时而吵吵嘴，日子也就缓缓地流淌下去了。传统语境里对一个女人的美的渲染，总是有意无意地强调她的青春，岁月留在她鬓角的霜白、漾在她眼尾的褶皱似乎就一文不值。她从前拥有外在的美，但现在也活得漂亮。

　　我知道我很是有些理想主义，给生活染上了过于浓重的玫瑰色，浪漫过了头——没有人不爱那青春的芳香。而我之所以能够在这高谈阔论，不过是因为那个名叫"意外"的家伙还没来得及撕碎我。49岁那年李焕英走了，她所有的故事都成了绝笔，也无弦可续。她短短的一生只剩下几抹童贞、漫漫青春和缝缝补补的衰老——短促得像一声叹息。怀念她的人，可追的声像，寥寥可怜。

　　幸好有您。

　　于是，我更要笃定我妈老了也好，即便她被年月的车轮碾成了何种模样，我都没有嫌弃她的余地——因为她当下就很好。虽然她并不是一直那么"好"。她听不懂我百般努力构筑的话语里微妙的情绪，她的口无遮拦常常叫我羞得面红耳赤，她拉着我为了7毛钱跟卖水果的摊贩旁若无人地高声争吵，她是个永远满电的复读机，不知困倦地将情绪里的狗皮膏药嘈嘈切切错杂弹。我在她面前摔过大门，流过千姿百态的眼泪，一气之下想过干净潇洒地一走了之，最后还是夹着尾巴逃进她的虎背熊腰里。即便到了最狼狈、最不堪的时刻，我动脉里奔腾的血液还是叫嚣着让我爱她。

　　辞职后她成了名副其实的"全职妈妈"——我的，这个家的。我隐隐能懂她心底里暗匿的挣扎和曲折的不甘，毕竟冰箱里永不会缺的酸奶都在暗地里标好了价码。她在柴米油盐里渐渐从里到外腌入了味，但炒出来的菜，还是尝得出她生命的格致和真味。

　　她手上炒锅的味道很是庸常，但也不是没有探索过新的菜式。年前新学的糖醋排骨和红烧肉，色暗但味足，入口很有些冲动。我知道她在努力给柴米油盐添上酱醋茶，我也期待她的琴棋书画诗酒花。

　　会有的。

　　2022年2月19日，冷雨绵绵。我开学返校，她照旧撑着那把有些劳损的黑伞目送我。2022年2月20日，寒风凛凛。雨很猖狂的清晨，我在冻得双脚发麻时才想起套上袜子——在家时我妈总能施以各种神通逼我换上的。

　　冬天我不爱穿袜子，甚至是有些厌恶的——一对好好的脚丫子，被紧裹得无处舒展。可现在此刻当下，那点密不透风的、姗姗来迟的温暖却不知怎的令我无比眷念。

　　要是您耐着性子读到这儿，谢谢您包容我的烦絮和矫情。很快就结尾了，我却止不住地感觉心里空落落的。我粗粗糙糙、见坏不收地写，大概是总觉词不达意吧。

我家的老头

2021级 张 莉

老头总喜欢赤脚而行，穿着那件已有些变形的白色背心，短裤上沾满了田间的泥巴。他喜欢坐在那张很有年头的木质睡椅上，悠然地吸着水烟斗。每天公鸡一鸣，他就起床给牛割草，然后放牛、犁田……吃过晚饭，把剩饭剩菜倒进牛桶里，再将牛从牛棚牵出，待它吃饱喝足后，又小心翼翼地将其牵进牛棚，结束一天的劳作。这样的日子，日复一日，年复一年，他早已习以为常。

又到了赶集日，他原不想出门，但又拗不过孙子、孙女的请求。他只好带着他们一起出了街。一不留神，他就被孙子、孙女拉进了镇上新开的超市。超市很大，商品也琳琅满目，第一次进到这么大的超市的他一下子就被里面丰富的商品吸引住了。他停下脚步，端详了一会儿，再拿起来抚摸几下，显然对这些新鲜事物充满喜爱。然而，当他看到一旁标注的数字时，那份喜爱瞬间被现实的数字击碎，他默默地放下了手中的物品，最终什么也没有拿。

孙子、孙女各自挑选了一瓶口香糖。就两瓶糖果，应该不贵吧，老头这么想着，于是走到了收银台。"一共22块4毛。"收银员说道。老头刚从口袋掏出自己用来装钱的红色塑料袋，听到这个价格，他顿时愣住了。他简直不敢相信这两瓶小小的糖果居然要这么多钱。他犹豫了一下，还是忍不住又问了一遍价格。收银员打量了一下老头的穿着，有些不耐烦地大声重复道："22块4毛。"

老头看着手中的口香糖，心中一阵纠结。他想把口香糖放回原处，不买了，但回头看到孙子、孙女捧着口香糖，脸上洋溢着喜悦和期待，正高兴地讨论着要如何分享。他不想让他们失望，于是忍痛买了。他小心翼翼地解开塑料袋的结，慢慢地数着手中的零钱，一遍又一遍，生怕数多了。最后，他确保无误后，才把钱递给了收银员。

当听说孙女考上了市里的中学，老头很高兴，他从柜子深处翻出了积蓄。过年时儿女都会给他红包，儿女并不是很富有，所以红包也不算太大。这些钱，除了用于买肥料、农药等种田必需品外，他几乎舍不得花一分一毫，总是小心翼翼地存起来，准备日后给孙子、孙女用。

老头一张一张地数着那些零钱，数出了220元。他又摘了一些自家种的蔬菜，带着这些钱和蔬菜，从村里出发去镇上。为了节省车费，他选择了步行，就这样走走停停，走了一个多小时的路才到达镇上儿子的住处。孙女上学去了，老头把钱硬塞给儿媳，嘱咐她给孙女买点好吃的。他并没有告诉儿媳自己是走路来的，只说自己是坐车出来的。儿媳挽留他吃了饭再回去，但他以田里还有活要干为由婉拒了，然后又沿着原路走回了村里。

蜚虻是一种吸血的动物，但同时也是一种珍贵的药材，市场上有人愿意出高价收。为了多赚些钱，老头经常在放牛的时候抓蜚虻，然后赶集的时候拿到集市上去卖。有一次，他发现牛身上有很多蜚虻，便毫不犹豫地伸手去抓，结果牛被惹怒，用牛角顶了他，他的脸被刮破了，血流了一地，缝了好多针才止住。

后来，老头病了，但他一直硬撑着，没有告诉儿女，直到痛到直不起身子，儿女们才知道，连忙送他去医院。检查出的结果是癌症晚期，医生不建议手术，建议通过吃药稍微缓解疼痛。儿女们商量后，决定还是听从医生的建议，不进行手术。

后来老头一直追问儿子为什么不做手术，儿子实在瞒不住了，只能实话实说，说医生不建议做手术，做手术成功率不高，风险很大，只能通过吃药稍微缓解一下疼痛。老头之前去算过命，算命的人说他活不过七十，他对此深信不疑。听了儿子的话，他或许心里也充满了不安和恐惧，害怕死亡的降临吧。

老头的身子日渐虚弱，吃东西和走路都变得困难起来。虽然他依旧每天都会躺在他的睡椅上，但他已经没有了往日的精神头，不再像过去那样会躺在睡椅上给孩子们唱山歌或讲故事了。他呼吸越来越困难，只是静静地躺在那看着孩子们，或许也是想再多看孩子们几眼吧。看到他那么难受，孩子们却什么也做不了，只能眼睁睁地看着他离死亡越来越近。

在病重的时候，老头突然说想吃番薯，孩子们连忙买来番薯做给他吃。可能是死神在催促他吧，老头显得很着急，一直在催孩子们做快点。幸运的

9

是，老头最终吃上了这辈子的最后一次番薯，可惜那番薯并不如他想象的那么好吃。孙女两周才放一次假，不能经常回来看他。老头在生命的最后一刻，经常念叨着孙女的名字，一直追问儿子、儿媳，孙女为什么没有回来看他，儿子就向他解释说上学去了。听后他总是会笑一笑，说："读书好啊！读书好啊！"

在某一天傍晚，老头的老伴敏锐地觉察到他可能快不行了，她急忙叫来儿子，为老头洗了最后一次澡，换上了干净的衣服。同时，她催促儿媳尽快将孙子、孙女从学校接回，希望他们能在老头闭眼之前见上一面。然而，命运似乎并不眷顾这个家庭，孙女因故未能及时赶回。在弥留之际，老头仍然惦念着那个未归的孙女，叮嘱儿子、儿媳不论如何都要供孙子、孙女读完大学。儿子、儿媳含泪点头答应后，老头便合眼去了，最终还是没能等到孙女。

等到孙女匆匆赶回家时，只能看到家人们围在老头床边，痛哭流涕。原本白色的蚊帐已被换成深色，仿佛在掩饰着那份沉痛。孙女因心中胆怯，始终未敢掀开蚊帐，去看一眼那个疼爱她、如今却沉沉睡去的爷爷，这最终也成了她一生的遗憾。万物都是有灵性的吧，在老头闭上了双眼的时候，陪伴了他十几年的老水牛可能也感受到它的主人要走了吧，一直温驯的它在牛棚里横冲直撞，拼命挣脱系住它的绳子。

他已经走了几年，但家里除了几年前他去看望女儿时留下的一张合照外，再没有其他他在这人间生活过的痕迹，一切都被擦干抹净，像是怕人知道他曾在这人世间停留过一样。按照习俗，他生前睡过的床、躺过的睡椅、穿过的衣物等物品全被焚烧掉，和他一起消失在这人间。就连陪伴了他几十年的老水牛都因无人耕地而被卖了。

名为"福明"，寓意一生福气常伴，可好运从未降临在他身上。幼时母亲遭害，尚在襁褓中的三妹因无奶喂养竟被饿死。后来，父亲再娶。亲爹不疼、继母不爱的他为了养活自己和二妹，不得不辍学在家，与牛为伴，日日、月月、年年忙着做农活，将四个儿女抚养长大。本以为老了就能享福了，结果还要忍受病魔的折磨。操劳了一辈子，苦了一辈子，他却没来得及享受儿孙福就离开了。虽然自己都没感受过什么父爱、母爱，可他却把自己所有的爱毫无保留地给了自己的儿孙。明明一切都在变好，生活也一天一天在改善，可上天为什么那么早就把他带走了呢？早到他都还没有等到他的孙女就得走了，早到他都没能看到他的孙女长大成人，早到他都没能看到他的孙女考上大学。

老天，您可真残忍啊！为什么您就不能稍微善待一下这位老人呢？但或许他在那边也能过得很好吧，那里应该没有再让他忙不完的农活、折磨他的病魔、让他担惊受怕的贫穷了吧，有的只是疼爱他的母亲和更舒适的生活。

死亡不是生命的终点，被遗忘才是。每当提及爷孙情深、离世之痛时，我总能因想到这位老人而泪流满面。我不求其他，唯愿疼我、爱我的爷爷在另一个世界能得到温暖和关爱，愿他一生所受的苦难在彼岸得到解脱。

爷爷，我真的好想您，您能不能来到我的梦里，让我再看您一眼？

新写的旧事——我的旁观者父亲

2021 级　张琦琦

"比起母亲的总是忧心忡忡/是啊/他更像是个若无其事的/旁观者",熟悉的旋律响起,勾起我对常作为旁观者的父亲的回忆。从小到大,一到谈论亲情的作文题目,满面洋洋洒洒的文字一定是我和妈妈的故事。可一谈到我的爸爸,可能因为长时间缺席我的成长,他似乎就是我讲述亲情故事的背景板。什么时候写一写有关父亲的文字呢?便以"新写的旧事"为题,写一篇关于父亲的文章吧。

就先从最近一次大学课堂上的闲谈开始写。老师聊到书籍上若是有作家亲笔签名会更畅销,于是在那一刹那想到了家中书箱里积灰的一套书。这是一套周国平的哲学书,内容对当时还在小学的我来说太枯燥,于是被埋在箱子最底层。其实它没什么特别的,唯一的一点是它是我从不看书的爸爸买的。

小学那个阶段属于我的叛逆期,且是只针对我爸一人的叛逆。回忆起那段时间,就是只要是他的话我都不听,且说一句我怼一句。这套书就在这个阶段被看似随意地放进了我的房间,这段看似早已被我遗忘的回忆在老师说起精装书、亲签书的昂贵和不易时突然就这么抖落尘埃、被翻开了。原来关于那本书的细节我都还记得:十几本书的首页都有作家亲笔签名,不知道是哪一本上还有写着我名字以及对我的鼓励寄语,一套下来应该也要不少的花费。当时的父亲应该在外做着类似推销员的工作,每天奔波于外地、酒局,难得着家也是醉醺醺地拖着一箱产品说明、样品,倒头就睡。而就在这样疲累的工作行程中,这套本不应该在他工作计划里、认知里的书,就意外地来到了我的书桌。

不知道他是怎么请假去那个讲座或者书展，排上一个长长的队等忙碌的作家给十几本书都签上名字，花掉一笔本来没必要的钱，又怎么把这样十几本厚厚的书放进那个轮子早烂了的、后来被丢掉的行李箱里送回来的，最后却遭遇我的冷嘲热讽。

　　像极了李宗盛那句"一首新写的旧歌/怎么就这么巧了/知道谁藏好的心/还有个缺角呢"，他似乎总是在我的故事里充当一个无言的旁观角色，沉默补起缺憾，那叠厚厚的书从我十几岁放到二十几岁，始终没能有机会获得一次讲述自己多么来之不易的机会。我就尝试把视线正式挪向我亲情故事舞台里那个长期灰色的旁观者，再从他身上的疤讲起吧。

　　他腰间、胳膊上有几条平行疤痕，那是我小学和他一起去漂流时被大石头刮的。当时为了把前面游客的翻船扶正，他一个起身，却没想到失去平衡的船在狭口侧翻，我被急流直接冲下了急流坡。只记得不到几秒的混乱里，一双手紧紧捞住了我、护住了我，然后是外界的惊呼、救生员的长竿拦住了我们的下落，再回过神就是被他推上岸、看着他满身伤痕地爬上来。事情之后我怪他为什么要突然起身、为什么要来漂流，两人的关系当时一度陷入僵持。直到和朋友故地重游，再看到当年那处急流，才发现以我当时的身量漂不到几分钟应该就可以到下面的平潭，而那个对于我来说可以宽松通过的石头却会撞得他满身伤痕。原来当时有很多更好的解决方案，他却不管不顾地选择了最快、对我来说最稳妥、对他来说最危险的纵身一跃。

　　高二因为意外摔伤回家，我又发现了他身上被藏起来的伤疤。那天，妈妈上夜班没在家，去医院上药到回家的一段路我们父女俩走得像是陌生人，最后回到家爸爸不顾我的反对煲上难闻的中药，两人又开启了新一轮沉默。我比划着胳膊上的疤，开始默默地流泪，他却熟视无睹般端上一碗黑乎乎的中药让我抓紧喝。"我不喝，这有什么用啊，臭烘烘的！"我含着泪怒瞪着他。"喝了管用"，说着他掀开裤腿展示小腿内侧一条长长的褐色疤痕，"前个月搬货划的，好长一条呢，就喝了这个药，多管用，你看现在都淡了"。又看我一直盯着那疤，他又找补说："不疼呢，就看着吓人。"我默默端起了那碗药，咽下心里难言的酸涩。现在我胳膊上那条疤变成细细的一条浅色线，总提醒着父亲身上那些被隐藏起的疤，那些"不疼只是看着吓人"的疤，还有不知道多少碗被他默默咽下去的苦。

　　而从小学的叛逆中缓过劲，即使发现了那些被我忽略的"疤"，我们也只是保持着一种有距离的父女关系——高三成人礼上的信纸上妈妈写了很多，他的字迹也只剩下一句"辛苦你，跟着爸爸、妈妈受苦"；高考志愿结果出来的那天，我兴奋地给出差的他打电话，也只获得一句"别骄傲，上了大学你还有很多要努力的"；上大学后和他的对话框最多的是一条条转账记录，即使在收到我送的生日礼物后也只是一句干巴巴的"谢谢"和系统自带的点赞手势。直到那天晚上他突然打来视频电话，我惊讶地接通，看到他满脸通红、举着我送他的 U 形抱枕问我"吃饭没""还有钱没"，听着这颠三倒四的话我才反应过来他是喝醉了。我还没缓过来，视频画面一转，出现了爸爸朋友的脸。叔叔说："诶，诶，是琦琦吧，你爸今晚上都在念叨你呢，说你独立、懂事，成绩好又争气。那个抱枕哦，从开始我们喝就没放下过！"说着，画面又一转，我开始和对面一排的叔叔们打招呼，听他们描述着爸爸在人后对我的叙述。或许直到那一刻，我才真正、正面意识到他汹涌而沉默的爱和难言的愧疚——他一次次说"怪爸爸，没给你更好的生活""你放心读，爸爸在后面呢"，直到醉酒我才从那封闭的旁观者的灰色中第一次看到来不及遮掩的脆弱和爱的鲜红，懂得歌曲那句"也许/因为这样/没能听见他微弱的嘉许/我知道/他肯定得意/只是/等不到机会/当面跟我提"。

　　"来不及说的千言万语/下一次/我们都不缺席"，而我还不能释然他在我成长中的缺席，但我已经体会他的苦衷。这个常扮演旁观者的他，这个刻意拘谨的旁观者把我一路托举，我的故事里他终于不再是那个灰色的、被忽略的旁观者。新写的旧事，只愿我文字里的旁观者能不再缺席。

"少女"布力汗

2021级　朱拉提·海依拉提

谨以此文怀念我伟大的奶奶——布力汗女士。

——题记

2020年的1月5日，那是北疆的寒冬。这一天，一位"少女"在农历新年来临前的大雪天与这个她最熟悉的世界相处了83年后，做了最后的告别。当我从市里赶到山上时，她如同漫天的飞雪，只给我留下了最后的美好，却没有给我留下一丝温暖的体温。

当车子开过墓地，我仍然不敢相信她已经去世了，她一定是在跟我恶作剧，故意叫人吓唬我，她一定是想用这种手段传唤我这个远在市里的孙子回到她的身边，正如她每次都在电话里用红包"诱骗"我上山来陪伴她一般。可这一次，我没有听到那个温柔慈爱的声音给我打电话，取而代之的是我大爷带着哭腔的粗犷的嗓音。那声音十分低沉，再加上大爷说话本身就很嘶哑，我仿佛听到了来自地狱死神的声音般，那声音似乎对我说："我已经带走了你最爱的人，也带走了最爱你的人！"电话顿时从我手中掉了下来，可这一次我并没有着急去捡，我的大脑顿时像一台死机的电脑，脑海里只回荡着大爷的哭声。母亲循声而来，捡起掉落的电话，电话挂断了，她故作没事似的从我眼前一闪而过，不一会儿小阳台传来了凄凉的哭声。哭声和之前电话里传出的声音在我的脑海里回荡，编织成一曲恐怖的催眠曲。这段"音乐"是有魔力的，我听着它在不知不觉间已经坐上了上山的车，我仿佛被割断了线绳的傀儡玩偶般失了魂地坐在前排副驾驶位，我望着白皑皑的山峰、白皑皑的草地、白皑皑的头巾，眼中的泪水就像是断了线的珍珠，不断滴落。

不一会儿，车子就开到了山上。以前总觉得这段路很长，长到可以听"少女"布力汗讲足足5个故事,长到可以听"少女"布力汗唱10首赞美天山以及吟诵给孩子的摇篮曲;但现在觉得这段路很短,泪还未干,车子就抵达了山上。"少女"布力汗的房子坐落在离山脚最近的平地上,她还在的时候,院子里总会开着一些不知名的花,总会飘着刚从馕坑里传来的熟悉的麦香。或许这花香和麦香就像是她的"独家香水",我从未在其他任何哈萨克族妇女身上再同时闻到过这两种香混合在一起的味道。花,总会开的;馕,总会熟的;但花香和麦香的主人却永远地离开了我,离开了这个我们一起相伴了十余年的院子。不知天堂里的布力汗是否也住在这样的院子里,是否她也把这股香味带上了天堂呢?还没进院子,就看到熙熙攘攘的人群围在门口,他们或掩面痛哭,或细声交谈,或用一种近乎关爱孤儿的眼神看着我。我望着他们,却没有办法叫出他们的名字。我发疯了似的在人群中狂奔,企图寻找一个人,她爱穿碎花连衣裙,身上会有麦香和花香,我多么希望她此刻坐在院子门口的旧藤椅上等着我,等着那句"junanem, kai da sen"。可我最终还是找到了她,她静静地躺在一张白布盖着的床上,穿着一身纯白的连衣裙,鬓白的头发漂亮地梳了起来,那张熟悉的脸庞似乎还含着微笑。她就像是吃了毒苹果的白雪公主一般,静静地躺在那里。童话中真爱之吻会破解诅咒,让一切美好地活过来;可当我吻上去,那冰冷的脸庞却再次让我感觉坠入冰窟之中。我默默地等着,等着她醒来,可她却再也没有为我从"梦境"中醒来。

"少女"布力汗还是离开了我,她把我丢在了这个冰冷的人世间,把我丢在了这个充满无限美好回忆的小院里。我望着小院里陌生的人群,前来悼念的应该就是一代代在"少女"布力汗身边长大的年轻人吧。要知道,"少女"布力汗是最喜欢与年轻人在一起的,她虽然八十多岁了,却仍不乐意我们叫她老奶奶,我们都要以"少女"来称呼她。讲了这么多,我仿佛还没正式介绍"少女"布力汗。布力汗是我的奶奶,也就是我父亲的母亲。不过从另一个方面上来说,她不只是8个孩子的母亲,更是草原上许许多多牧民孩子们的"母亲"。布力汗在20世纪70年代就曾是塔城地区优秀的女教师,是当时那个年代里来自草原牧区的唯一一个上过职校的女教师。她在自己最宝贵的年华里,没有选择留在该地区当教师,而是来到了赛力克提这个天山脚下的偏僻牧区里当教师,人们都觉得她疯了,她的父亲甚至用马鞭子把她从家里赶了出来。于是,这个身无分文的女孩子只身来到这个牧区做了当地唯一一名女教师。她住在由羊圈改成的教职工宿舍里,一个人要带好几个班的汉语、数学和体育。由于孩子们的年级不同,常常一个班里坐着好几个年级的孩子,她刚教完汉语拼音,就得教高年级孩子们算加减乘除。虽然这份工作持续了5年,可她却从未抱怨过生活的苦难。由于牧区生活条件艰苦,有时候两天才勉强吃上一次饱饭，可她也从不抱怨，甚至用自己微薄的工资给孩子们买作业本，努力让牧区的孩子们也能接受到教育。后来，村上的学校与周边的几个村的学校合并了，在赛力克提村开了中心小学，她也来到了赛力克提村，来到了现在的村子。又过去了几十个春夏秋冬，春风和秋叶把这位"少女"看老了，这位"少女"也把春风和秋叶看老了，她在这里落地、"生根"、孕育后代，再含辛茹苦地把后代抚养长大，再看着后代的后代们在她膝下玩耍。岁月给她带来了无数的阅历和奖状，却带走了她的青春和黑发。在2010年村小学正式并入镇小学时，她让我陪着她又回了一次村小学。我扶着她走进她以前教书的那间教室，她抚摸着那张破旧的蓝色桌子，望着底下空空如也的课桌椅。当我问起她这一辈子坚守岗位的原因时，她又笑着转身在黑板上用哈萨克语写下二年级第一单元的第一个词："教育"。

她常常把我的小伙伴们像大人似的请到家里来，有时候一壶亲手熬的奶茶、几张刚打好的馕、几瓶秋天制作的杏子酱，就足以支撑我们这帮"年轻人"度过一个美好的午后。她虽然很多时候都不知道我们在谈什么话题，但看着我们聊天的时候，她的脸上总会带着慈母般的笑容。她也总能理解我们的情绪，给我们讲一个又一个她年轻时候的故事。虽然有些故事她会讲很多遍，但不妨碍年轻人一次又一次地来我家听她讲故事。"少女"布力汗的故事就像是春天的一颗种子，在这些年轻人的心中生根、发芽，最后在年轻人的心中成长为一棵"参天大树"，大树的种子又会传到年轻人的下一代，代代相传，历久弥坚。

"少女"虽然在冬天离开了，但她给春天埋下了希望的种子。我虽然再也见不到布力汗的音容笑貌，但每当我再次闻到花香、嗅到麦香和打开手中画卷时的墨香，我就知道她只是换了一种方式陪伴在我身边。还记得当年轻人们喊她"少女"时，我还曾嘲笑过她。她只是对我笑了笑，说道："我希望我永远是那个刚来这里的少女，这样我就可以继续拿起粉笔，给孩子们教书了。"年少时的我觉得这有多么的天真好笑，现在的我就觉得这有多么的神圣伟大。我想，如果有转世轮回一说，我希望下辈子可以成为布力汗的老师，我要像她曾经教我耐心教书一般教她。如果不能成为她的老师，那就希望成为她院子里的一棵树，看她牙牙学语，看她长大成人，看她欢喜出嫁，最好是让我把整个春天都献给她，就像她曾把春天般美好的生命献给了我们一样……

2020年的1月6日，依旧是北疆的寒冬，这一天我永远地向"少女"布力汗做了告别，可她却没有想和我告别的意思，她的院子永久性地搬到了我的心房。自此我的心中总会有一个温馨的小院子，院子里永远飘着麦香和花香，我的"少女"永远住在那里。我将用全部的年岁去纪念你，我的"少女"布力汗！

藏红花

2022 级　阿恩萨尔·金斯

死亡一直是一个沉重的话题，我们一直都闭口不谈这个沉重的词语。而当我们真正面临死亡的那一刻，我们无法接受，也无法面对。有些人带着遗憾走，有些人坦然面对死亡，有时是因为死亡来得太快，它就像暴风雨一样席卷了每个人的内心，再让人们默默地接受这个残酷的事实。

今年是 2023 年，他们离我而去已许久，但爱一直延续着。

当户口本上被刻上死亡这两个字时，当发现我的生活中不再有他们，有的只是回忆的剪影，我才慢慢发觉他们是真的走了，不会再回来了。最先离开我们的是奶奶，在那一刹那，我们感受到那片世界的崩塌，好像所有都变得荒芜。再之后，爷爷和姥姥也相继离开，我们无奈地面对那些沉痛的瞬间，又拾起一地的碎片，默默抬头看看那头顶上拼命眨眼的星星，聆听耳边吹来的那阵风，感受它吹拂我们面庞的力度；又抓了抓身旁飞过的那只蝴蝶，它灵动地振振翅膀；也抚摸着刚刚掉落在眼睫毛上的那片雪花，却也只看到了他们将要离去的影子。他们诉说着离别，献出最后的美好，而我们还需要时间去面对这恍惚。

记得那是 2012 年，本来是个普通又平凡的日子，却因为奶奶，让那一天的场面永远刻骨铭心。12 月很冷，窗外在下雪，我照样去上学。奶奶那几天因为身体不舒服一直躺在床上，跟我们说她只是肚子疼没关系的，让我们该上班的上班，该上学的上学。实在拗不过她倔强的性子，我只得跟奶奶约好晚上一定要去医院看医生。晚上等我们全部回到家已经十点半。回家后我们立马带奶奶去医院。奶奶坐在凳子上，我们给她穿着靴子。可还没踏出家门，她就带着凳子一齐向前倒去。我们试图将她扶起，可原本骨瘦如柴的她却变得无比沉重。或许从那一刻我们就该知道，奶奶把她生命的所有重量都带走了，不留给我们丝毫喘息。我们使劲叫她，却换不来一丝回应。我心中不敢往"死亡"这两个字上想，因为这一切发生得实在太快了，我的眼泪控制不住地流下来。我们立马打电话叫了医生，把她抱到了沙发上，一边给她按摩，一边哭着叫她，可除了手上的温度在下降，她没有任何的变化。我握着那双冰冷枯萎的手，依旧不敢相信。等医生到了后，向我们宣布了最后的结果。那时我在上小学，我不理解死亡究竟是什么，只知道奶奶将永远不能睁开眼睛、陪伴在我们身边。她将只留在我们的回忆、过去的照片里，她将不能见到我们长大后的样子，直到我再也想不起她的声音。自此，爷爷也失去了他的精神支柱，瘫痪在床，无法起身。其间，我们也送爷爷到了医院的重症科，看着爷爷身上的各种仪器，有的只是无尽的心疼，以及面对生老病死的无奈。

出院后，爷爷的皮肤因为长时间躺在床上，开始生褥疮，看着爸爸妈妈一遍遍地为爷爷身上涂抹藏红花，一遍遍地为他翻身，我们心中十分心疼他。他时不时会在我写作业时叫我的小名，让我过去陪他，而在他去世后我也一直在后悔为什么没有多陪陪他。他总是把最好的留给我，我会笨拙地从他的大肚子口袋中掏出一把糖、一个苹果，每天都会有不一样的惊喜。有他在时，世间的风雨都绕过我向他倾斜，我就在爷爷的宠爱中慢慢长大，可十年了，现在脑中只留下一些模糊的美好回忆和他叫我小名时的声音，好想在梦里再抱抱爷爷的大肚子。爷爷去世前，眼神一直看着窗外，无论谁叫他，他都听不见。他们说："你爷爷最喜欢你了，你去叫叫他。"可不管我怎么叫他，他都一直目不转睛地、空洞地看着窗外的世界，应该是看到奶奶来接他了吧，要不然他不会不理我的，也不会不留下只言片语就走了的。我心中充满了无力感。我叫不回他，最后留给我的只有藏红花的罐子和带有藏红花味道的茶。

爷爷去世后，全家都在准备葬礼等事宜，艰难地度过了那段日子。两年后，姥姥也去世了，可我连那通电话都不敢接，明明姥姥就躺在楼上的舅舅家，可我却一步也没踏出去。第二天，有人把我接到了姑姑家。我逃走了，我不敢再面对死亡和离别。我知道那段时间的陪伴非常珍贵，可我因为害怕第三次目睹死亡而逃走了。死亡的力量是深刻的，让人后悔、内疚，产生一系列无奈的情绪，尤其是对我这样的"逃兵"来说，是极其痛苦的，让我连回忆的勇气也没有。回来后，妈妈哭着对我说："妈妈再也没有妈妈了。"我的心中又酸又涩，后悔没有陪伴妈妈度过那个艰难的时刻。我怎么能不后悔呢？姥姥是个热爱生活的人，最爱去街上随便逛逛，有时会拉上我，找她熟悉的人聊聊天，最后买雪糕来奖励我。时至今日，我和姐姐都不会忘记姥姥亲手喂我们的那口羊油的味道。我喜欢牵着姥姥去散步，也喜欢她为我撑腰时的样子，但我没有机会了。

  这么多年过去了，他们最后离去的场景我一直没有忘记，在凳子向前倒去的那刻、在眼神空洞的那刻、在电话响起的那刻。就像他们的味道也是带有记忆的——爷爷是奶疙瘩味的，因为他兜里的奶疙瘩总有种特殊的香味。奶奶煮的茶是丁香味的，姥姥的手掌心是羊油味的。他们的爱也将永远陪伴我们，带有记忆的味道也永不磨灭。我们一生当中要面对多少次告别才能学会释怀？也许永远都不会，因为死亡就是一声声缓慢的鼓点，每敲一声，它就会算一次，而我们不能和它讨价还价、争取更多的时间，只能默默等待鼓声敲响，这是我们一生中不得不面对的话题。但是爱是永恒的，那些爱意的瞬间将永远存在，记忆中的藏红花亦不会消逝。在直面了亲人的离开后，我们领悟到爱的永恒和短暂，也不会知道自己究竟会以何种方式彻底与世界告别，因此以后面对身边人时，我们不会因为对身边人的永别而感到恐惧，而是珍惜与身边人共处的时光，让爱永存于我们心中。

  最后，我想起了在《人生第一次》这本书中，爷爷对他的孙子说："答应我一件事，最后一件事，一旦你能完美告别了，你就要离开我，别再回头，去过你自己的生活。想念一个仍旧还在的人，真是太可怕了。"当陪你的人要下车时，即使不舍，也要心存感激，然后挥手道别。藏红花会在，一切带有记忆的物体都会在，爱也永远都在。我会永远想念你们的，我亲爱的你们。

外婆的岛

2022级　刘俊明

我经常向别人介绍，我的故乡是一座岛。听者便会投来羡慕的眼光，因为"岛"这个地标实在太富有童话般的冒险和神秘色彩，坐船、过海和岛上小镇的集中体现简直是浪漫主义的温床。

实际上，这并非我户口本祖籍栏上填的那个地名，而是我外婆的家。如果祖籍可以称作我血缘上的故乡，那么这里就是我精神上的故乡。因为在外婆家待的时间远比在祖屋待的时间长，岛上的氛围也更像一个真正的家。也许有一点虚荣的心理作祟，我在被问到故乡时潜意识里第一个承认的地方就是这方小岛。

儿时朋友听罢我的描述，总以为那里是蓬莱一般的仙境，抑或是马尔代夫一般的度假胜地。其实说白了不过是一个小镇，只是抵达那里的交通方式与众不同罢了。岛民也不是文学影视作品里描述的家家户户捕鱼为生，岛上蕉农更多一点。经济欠发达使街景建筑保持着20世纪80年代的模样：马路久缺清洁，鱼腥味滞留在浑浊的空气中，红蓝塑料袋像牛皮癣赖在地板上，路旁粉刷着红漆大字。船头的渔民野蛮地叫卖，剖开肚子的鱼翻着白眼——一切总是让外人唯恐避之不及。其实不过一方水土养一方人罢了，江南水乡情致那么脆弱，大一点声都怕西湖皱眉头，自然是吴侬软语。渔市上渔船之间隔几米远，嗓音不粗鲁些如何能听得见呢？

听起来一切童话都幻灭了，没错，这就是真实的渔岛小镇。

而外婆家在远离码头的小岛腹地，外公、外婆都是农民，和陆上的寻常农家无异。外公走后，外婆年纪渐长，儿女孙辈谁还捡起锄头种地呢？那一亩三分地早已经租与别家了。

我母亲就是早年离岛嫁到岛外的一分子，所幸我们在城市的寓所离岛不远，我童年时期亦能在岛上度过几个悠闲自得的暑假。可惜如今时间更不宽裕，能回去的日子愈发缩水。在被困在穷乡僻壤的日子，我深深地怀念着那黄皮树所荫庇的土地。无论冬夏，我握一柄蒲扇，躺于树下吊网床，任榕树叶底筛下来的日光抚平眉峰，抬眼间便看到未开发的浓绿树林、听到鸡犬相闻的声音。在这里连时间也不忍心走太快，自然是极为惬意的。

　　外婆家最具代表性的果树便是黄皮树。可能是外公太爱吃黄皮的缘故，母亲说他可以就着一串青黄皮下酒——院子里占比最大的便是黄皮树。高立枝头的黄皮果实教会后辈爬树的本领，饶是我这样城市里长大的孩子也会一招半式，尤其是母亲，甚至可以像小鸟一样立于树梢头。每逢七八月份，我们爬上树去舔食果树沁出来的金黄泪珠，像偷吃蟠桃的猴般扬扬得意。

　　后来我回去的次数也减少了，黄皮吃的也都是外地的多。市面上的黄皮个大饱满、色泽鲜亮、汁水甜腻，实在是富有商业性，又有圣女果般大小，哪里像黄皮果树的泪珠，说是眼珠也不为过。而岛上的黄皮即使外表伤痕斑驳，它的酸涩也足以勾引我的味蕾。

　　黄皮的成熟和暑假几乎是同时间开始的，本来暑假是在外求学的孙辈蜂拥归来的时节，但随着时间流逝，孙辈里只剩我一个人还是学生，其他哥哥、姐姐早就没有暑假可过了，于是乎外婆一次次在电话里提醒我黄皮快熟了，问我何时归。很内疚的是，过去的几年里，我总是让她把一遍又一遍的"快熟"换成"熟透"，直到她把黄皮托人寄来，我还未能归去。

　　今年夏天我终于再一次回到了小岛，很遗憾已经是八月末了，又一次和黄皮的盛季擦肩而过，但外婆的喜悦却丝毫没有冲淡。听闻我们归家，外婆亲自给我们洗竹席晒被单，结果不小心骨碌碌从三层台阶上滚下来，等我们回到家发现她一瘸一拐，问怎么不等我们回家再留给年轻人干，她笑说摔跤不算什么，和我们团聚才重要。

　　外婆从来不区别对待我们这些孩子，无论男孩、女孩，读书好不好，只要堂堂正正做人，她都疼爱。外婆年过八旬，前些年每天的活动就是提着笤帚赶着鸡鸭回笼。只是这几年陪伴她的动物又换成了两只绿眼睛的小黑猫，可惜这两个可爱的小生灵贪食了鸟尸，结果也被鸟肚子里的老鼠药毒死了。其实，假如没有这些小动物，外婆也并不孤单，因为左邻右舍的婆婆经常来串门。她的生活也并不单调，因为她即使听不懂普通话，也可以津津有味地看湖南台的肥皂剧；不会数学，也能摸索出个七星彩的规律叫别人帮她买彩票。可是，这些在她心里绝对比不上和儿孙团聚的天伦之乐，即使小辈们捧着手机各玩各的，她只是在一旁坐着看，那喜悦都可以从皱纹里溢出来。

如果不是下雨，外婆的午觉都会睡在两棵树之间系着的网床上，醒了后坐在网床上捻着一颗颗念珠念念有词，远远看去以为苍苍绿树间栖着一尊活佛。我仰头凝望树上那些熟透而干瘪的黄皮，又看着树下已经银发如雪的老人，黄皮错过了一季还可以等下一季，而至亲之人，是一次也不能错过的了。如今外婆已经年过八旬，我扪心自问我和她之间还有多少时间，希望那一天真的到来之前，我能把所有回来的时间全部用来陪她。

我清晨早起陪外婆喂鸟——这是她的新宠物，只有早起才能跟上老人的生物钟。她问我几时上广州念大学，关于学业方面的事情她比我爸还门儿清，虽然她大字不识一个，却能分清什么大学是"985"，什么又是"211"。她最大的愿望就是每一个孙辈都能考上大学，不是把孩子当作炫耀的资本，只是单纯地为外孙女能不再像她一样饱受没文化的苦痛而高兴。外婆也自知她自己没上过学，也没去过广州，自然也没有什么好叮嘱的，所以她就用塞红包这种方式来表达对我们的疼爱。

那么，我又用什么方式来表达我对她的疼爱？像跟屁虫一样帮她扫庭院、倒垃圾、扫落叶，顺便再陪她聊天，结果我干活太笨拙被她直接抢过了扫把，我与这里的生活脱节太久了，聊天经常陷入尴尬的沉默。为什么我不可以用拥抱来表达我对她的疼爱呢？是因为别的孩子也没抱过吗？是因为不合乎什么礼节吗？管他什么所谓的含蓄文化。真奇怪，我竟然还没有拥抱过我的外婆呢。外婆的背已经佝偻到一个可怖的程度，这让她生生比我低了一个头，我要俯下身去才可以拥抱她，也不能完全贴得严丝合缝，我的两只手臂只能僵硬地环住她，好似护着一只脆弱的蝉蜕，色泽暗淡的旧衣服沾染着浓郁的草药味——想起来外婆前些年脚疾要敷草药，所幸她的脚疾已经治好。又想起来 10 年前外婆的背比我的还笔直，她还扳直我猫起的背……是时间过得太不留情了吗？不是，是我，错过了太多陪伴她的时间。

当我们要回到陆上的寓所时，外婆就站在车窗外。我们摇下车窗，挥手告别，就像之前的任何一次告别，开心得像例行公事。但是，外婆笑着笑着就哭了，我真真切切地看到她湿润的眼睑泛着红，她平日里和我通电话要说 5 个"拜拜"，这次更是说了好多个，比 5 个还多得多。我好想跳下车去抱住她，可是这也改变不了我要离开她去求学的事实。我从来觉得她儿女都自立，还供她吃喝不愁，又不用为儿孙计，她应该是满足的。从来没有想过，儿女太独立的结果是这样的孤独和可怜，要一次次经历把子女、儿孙送出这个贫瘠小岛的痛苦，直到只剩她一个人留在这个岛上。

就像《外婆的澎湖湾》唱的一样，我心目中的小岛也是外婆的岛。外婆是一个坐标，总是帮我在记忆的茫茫大海里及时找到"家"的位置。

车子缓缓地驶向码头，母亲说这里和40年前一个样，只不过多了几家"奶茶店"这样的新鲜玩意儿罢了。现在想来，我常常看别人在文章里感叹故乡物是人非、沧海桑田。反观附近另外一块岛已然摇身一变，成为商业化的旅游区了：遍地坐落着民宿，架着太阳伞，供游客搓麻将，就连摆渡的船费都比这里贵上5倍不止。唯剩这块因远离陆地而免遭商业暴力粉刷的净土，这何尝不是一种"塞翁失马，焉知非福"呢？

富贵！富贵！

2022 级　杨谨宁

"富贵！什么富贵？"

一段短暂的沉默之后，我听到了张若楠的声音，听起来还是脆生生的，但是没有了漏气的声音："诶！是我！二狗！"

我和张若楠是高中同学，也是三年的同桌，还是上下铺。高中的第一次夜聊，她跪坐在床上，把被子拉到脖子下面，用下巴夹着被角。那个时候，她还没开始整牙，说起话来瓮声瓮气的，发不好音，像个四五岁的小孩子。她就这样夹着被子跪坐在床上，用瓮声瓮气的孩子音给我们讲一部恐怖电影，其中的人名记不清了，她就干脆叫那人"富贵"。

我躺在上铺，突然没忍住，把头探下去："诶，富贵，你是哪儿人？这是什么口音？"

整个宿舍哄堂大笑。

张若楠却一副很正经的样子："我是承德人，好吧，说的是标准普通话，你觉得怪，说明你普通话不好，二狗。"

这一回答不要紧，富贵这个名字，成了张若楠三年的绰号，而她的一个"二狗"，让我做了三年的"二狗"。

富贵是一个不太聪明但足够努力的人。她是以中考第一的成绩进入我们学校的，写得一手漂亮的"衡水体"书法。她说自己初中除了埋头学习，什么都不会干。这话说得实在是有失水准，在我们这些刚刚住校的人眼里，富贵什么都会干。她会把软耷耷的被子叠成一个方块，怎么拆都拆不散；她会用抹布把地板砖的每个缝隙抠得干干净净；她也能用一张报纸，把玻璃窗擦得光可照人——这是她在初中积攒的非常了不起的生活智慧。

我还记得我们在熄灯之后偷偷溜到卫生间读书，因为只有那里才有一晚上的灯光。她坐在冰凉的地板上，把垃圾桶倒过来当桌子，数学作业就大刺刺地铺在垃圾桶上。她的头发刚刚及肩，随着她低头的动作散落下来，又跟着她笔尖的移动轻轻晃动，每一根发丝都沾上了有点昏暗的灯光，也沾上了唐山冬天黏稠的凉意。那一刻，我真的希望她可以得偿所愿，可是下一次月考出分的时候她偷偷跑到了没有人的教学楼五楼。等我找到她的时候她已经满面泪痕，缩在连廊的角落里。那天天气实在是不好，阴阴沉沉的，空气中附着着一种黏腻的黄沙，却缺少一阵风把这片恼人的黄沙吹散。富贵听到我的脚步声，抬起头看我，一双眼睛被揉得通红，带着破碎的水光，静静地看着我。我突然觉得张嘴说话有点困难，可能是因为这该死的黄沙。可是，富贵只是和我说："二狗，你有纸吗？我又便秘了。"

　　富贵喜欢把痛苦的事情含糊过去，也热爱生活中一点一滴的美好。我们周日放假，不用上早自习。富贵早上六点就起床带我去吃早饭。唐山一中被鹭港这个小区包围，而鹭港也被一众小吃店包围。在这一众小吃店里，桃源包子铺是我们最常光顾的。包子铺的老板包子包得一般，却煮得一手好面条。排骨面里的面条是绿色的，被反复拉扯过好几遍，可以吃出纠缠着的细密的纹理；葱花爆过香的面汤，有一种廉价但是丰盈的肉香；面条上是三块排骨，有的是净排，有的还带着脆骨，骨头已经被泡软烂了，一吸便是浓稠的汤汁。我把脸放到面条上，让面条氤氲的热气暖暖我冻得通红的脸。富贵却不怕烫一样吸进去一口面条，在唐山的晨雾里被烫得龇牙咧嘴，一双手急切地在我身上拍打，好不容易才咽下去，还要把烫得发麻的舌头吐出来，感受一下冬天的凉意。

　　可是，冬天就是要吃点儿热乎的。我们在体育课上隔着栏杆买烤红薯，看外皮烤得焦脆的红薯被大爷用脱了线的手套递进学校；我们跑过天桥吃关东煮，我总是交代阿姨"往'死'里加辣，麻烦辣'死'我"，富贵也总是很担心地问阿姨："这个白萝卜真的通便吗？"

　　高中的日子总是无聊的、难挨的，将早读的铃声熬成晚自习下课的铃声总是需要一点耐心。我和富贵也会在失去耐心的时候搞一些小动作。她把耳机藏在袖子里，装作问我问题的样子微微侧身向我，于是横在我们之间那只袖子里的耳机，便成了一个模糊但是刺激的秘密。其实很多时候，我都听不清这个耳机到底在唱些什么，可是这种偷偷违反纪律的感觉却在吸引着我。我一次又一次把耳朵贴向她的袖子，一次又一次状似不经意地观察窗外是不是有教导主任巡查。在耳机的沙沙声中，在隐隐约约的韩语歌声中，我们熬过了一个又一个冗长的下午，看过了一场又一场日落，在卷子上写了一遍又一遍公式。日子是无聊的，是枯燥的，但是好在富贵还在。我们在课间聊班主任的小女儿，聊哪个明星又有了什么瓜，聊韩国或中国香港哪部廉价的恐怖电影。甚至我们都没什么可聊的了，就聊从隔壁一班买来的武侠小说，聊刚发下来的语文练习册上的哪一篇小说值得阅读。那个时候的语言是丰富、廉价的，快乐同样是丰富、廉价的。

可是，我已经有两年没有和富贵见过面了，富贵给予我的那丰富而廉价的快乐我也两年没有体会过了。似乎时间和地域真的成了阻隔，我再也没有呼吸过唐山粗糙浑浊的空气，也没有再吃到一碗绿色的排骨面，耳机里的声音清晰且响亮，却少了那一份隐秘的刺激。我以为我的高中，富贵和二狗的日子，真的远去了，直到我打通富贵的电话。

"富贵！"

我喊富贵的名字，像高中时代一样，带着喜悦和激动，似乎下一秒我就要约她出去吃排骨面或是要问她借武侠小说。

"富贵？"

我渐渐迟疑了，酸苦涌上鼻尖，呼吸变得急促且困难。

"诶！是我！二狗！"

我突然笑出声来，眼泪也随之流了下来。不管过了多少年，隔了多远，富贵永远是富贵。富贵不是靠高中、排骨面和模糊的歌声堆砌而成的，她就是富贵，她一直是富贵。

外祖母

2021 级　曾子懿

年岁雕刻在
门前那棵老榕的枝丫
细碎是余晖
斜斜地筛下

有人说风啊自北边涌来
徐徐漫进雕花檐廊
她的季节已垂垂老矣
还请叩开冬日的窗

一只鹧鸪从县志里衔出光阴
嵌进她的沟壑纵横里
眼角呢　早已丝绸般褶皱了
两鬓携了积年的霜白
送给不存在风雪的南方

一截被烟熏火燎过几遭的木头
被珍重地藏在铺了锦缎的小匣
低头又是一湾水渠
载着一只名为生活的纸船
淌啊淌　淌啊淌

栖 复 惊

2021 级　刘晨曦

每当秋风起的时候，我就会想起秦复京。

那天晚上我站在阳台刷牙，风很大，我的手指感到一阵麻木的钝痛。我把它们往手掌里攥去，寒冷就顺着掌心一路向上凝结。月光亮得像一盏探照灯，世界就是橱窗，陈列所有命运，包括我乏善可陈的今天。

这里洗手台的共性是吊沿很低，漱口的时候水花经常溅我一脸一身。我把牙膏沫吐掉，同时看见了镜子里自己滑稽得像圣诞老人的造型。水渍在我脸上长满肮脏的斑点，只有嘴边纯白肃穆的泡沫宛如石膏像。洗脸的时候我习惯性往左手边瞥去，隔着一层生锈的铁丝网能看见隔壁房间的阳台。秦复京在铁丝网上种满了爬山虎，花土是在楼下绿化带里偷偷挖出来的。我原本对此不抱希望，但它们开始在贫瘠的土壤里疯长，直到一开灯阳台就被枝条的阴影笼罩。透过爬山虎的绿幕我看见他正在洗脸，水管轰隆作响，连同铁丝都发出细微的嗡鸣。灯罩厚厚积了一层灰，把光模糊成一整块昏黄的晕染，拖泥带水的，所有东西都被染成金黄色。他金黄色的头就这样影影绰绰地上下耸动着。

白天上工的时候我很少看到他，只有夜里可能在阳台碰见。因此我会故意留他久一些，直到看见他走出房间。但即便这样，我也不是每次都能等到他的。刷牙刷得久了，梁英就会在我身后不耐烦地趿拉拖鞋。隔壁阿斌和懒鬼占着阳台打牌，偶尔爆发出刺耳的笑声。换作以前我非喊他一声不可，但现在我只是沉默地看着他离开阳台，把门带上，剩下那股劣质的烟味隐隐从铁丝缝隙游进来。

工厂只有两百上下的工人，我跟着其中大多数一起租住在附近杨村的出租房，我们戏称为工人宿舍。房间本来只有梁英和宋姐两个人住，我中途搬进来，她们的空间就被挤占到和别个宿舍一样。虽说我会和她们一起摊房租，但我想她们倒不甚乐意——在这拥挤的出租房里空间比租金更宝贵。不知是因是果，我和她们的关系也算不上好。每天晚上梁英的BP机会炫耀似的大声响起，那是男友送给她的。梁英并不是女工，右手不知怎的有些残疾，但她的男友是工厂保安，所以她也住在这出租房里。那男友很有些社会"上道"的背景，虽然年龄比梁英要大上两轮不止，但也让她享受到了我们这些人里第一个拥有BP机的殊荣。

宋姐四十多岁，但是身形庞大到看不出她有着奔五的年龄。这让过去的我感慨颇深，原来不只有美貌可以凝固年龄，肥胖也可以。平时没事做的时候，她还和隔壁阿斌一起捡些纸箱子，楼道里堆的箱子都是他们搬来的，甚至堆满了两个房间的阳台。这些纸箱散发着隐隐约约的鱼腥味，为这个远离大海的地方带来海洋的辽阔，然后在某个让楼道实在过不了路的日子里，被一辆三轮车拖走卖掉。白天她整日喋喋不休地抱怨，贫穷、身材、儿子，诸如此类的东西，我在认真地倾听了两遍以后再也受不了了。不知道为什么她一直攒不到钱，我猜想和那个总是半夜来找她的男人有关系。他每次来找宋姐总是在凌晨三点以后，几分钟后便会离开。这男人姓梁，我给他起外号"梁上君子"。虽然他不是小偷，但做着一样的事情，总之我看不出什么区别。男人离开后，宋姐的床铺便会传来哭声，这是只有我能听见的哭声，在出租房的深夜。

那时觉得她们的世界真是不可理喻，转眼我的年纪已比当年的宋姐更大，逐渐理解生活的真相。这是达不到年龄就走不到的彼岸，而那时我刚满17岁——对外宣称是19岁——也许就是因为这虚拟出的两年，我的人生充满像泡沫一样膨胀的叛逆和野心，我觉得我永远不会成为今天这样的人。

在这种环境里，秦复京显得更特别了。他和厂里所有的男工看起来都不一样，他不抽烟、不喝酒，甚至不说话，但会养些花花草草。当然，他倒不能算是什么"靓仔"，只是周身的气质比较独特，这让我对他很好奇。

我是在登记工牌的时候留意到秦复京的。那年我不情愿继续念书，带着一身没完没了的傲气从家里逃出来，只身南下打工。我在外面度过了17岁生日，然后谎称自己19岁，进了这间工厂做事——但我知道主任一定看出来了。虽说是黑工，因为我识得几个字，所以能协助做一些登记工作，算得上清闲。那时我正处在浮躁的边界线上，快速发育的身体和蓬勃的精神，兼具学生的傲慢和工人的生猛，有什么东西好像要从心底喷薄而出。但即便是从厌恶的学校生活中出逃，我也没有在厂里找到有迹可循的未来，只是暗自怀着某种飘飘然的自由的快感罢了。

人就是这样,不真正走进某种生活时,永远满怀期待。

我觉得秦复京这个名字很好听,听起来像读书的人。他的生活各方面都是静悄悄的,没有什么声响。而且他似乎真能读几本书,于是我便认为他也是逃学出来的学生,对他有着天然的好感。为示同类之谊,我开始接近他,找他一起吃饭和上下工。大多数时候他都是不说话的,但是在讲到侍弄的花草的时候,他会罕见地变得健谈。于是我建议他养爬山虎,虽然是我在寻找共同话题时随口胡扯出的一句话,但他竟对此大加赞同,非常有热情地去绿化带里翻土,浇水施肥,拣牢固的树枝搭起木架。我原本对此毫无期待,冷眼旁观他会整出何等动静,但没想到这些爬山虎不出几个月就爬满了木架子,继而又爬上铁丝网,密密匝匝地缠满缝隙,生出一层顺着风吹就会微微荡漾的绿湖。原本阳光几乎照不到这里,被褥时常有着阴干的青苔味。但爬山虎长起来以后,这出租房的背阴仿佛也有了一线生气。真是难以置信,明明条件简陋,却是我见过最茂盛的一丛,且还隐隐有往上生长的趋势。

我自此对秦复京另眼相看。一来二去,我以为我们是朋友了。我自顾自地对秦复京讲了许多我自己的事:我是怎样讨厌念书,受父母的气;又是怎样从家里逃出来,怎样辗转进了工厂。我希望他也能借此讲起他的故事。后来我按捺不住,主动问他名字的来历,是不是取自"寒鸦栖复惊",他摇头。我不相信,又问他家里的事情,他也一概不言。我有些生气,质问他是不是不把我当朋友。

他终于开口,说,他不记得了。

我已确信他是在敷衍我,感到一阵头脑发热的愤怒,丢下他自顾自地走了。那时我隐约反应过来,我根本没有走进秦复京的生活,从来都是我在说,在一厢情愿地揣测。年轻的世界,除了自我感动之外,只剩下唇枪舌剑。因此我决定再也不搭理他,要么他来找我道歉,要么我们老死不相往来。

秦复京当然不会找我道歉,因此接下来的几个月里我们再也没有讲过话。但我的好奇心仍然没有因此削减半分,每到晚上我便会在阳台逗留,远远观察他的生活。我还记得那一晚他在灯光下闪着金黄色的头发。刷牙时我正靠着铁栏杆,栏杆的油漆剥落得差不多了,露出漆下锈迹斑斑的红铁。宋姐在洗澡,潮湿的热流从气窗往外涌,带来某种病态的虚弱感。铁锈遇到水汽蹭在我的后背上,染出一道道红的锈痕,像留下了伤疤。隔壁懒鬼的烟味,丝丝缕缕的,像幽魂一样飘过来。

这个重要却又不重要的晚上,就像老相册里夹着的某张照片,淹没在回忆的洋流里。可要是哪天被遗忘了,那一页就永远空缺了一角。

我是被梁英叫醒的。

她焦急地抓住我的手臂,嘴里还在大声哭喊着什么。我茫然地睁开眼睛,恢复知觉的瞬间一股滚烫浓烈的焦煳味直冲大脑。我望向阳台,火光把半边夜幕映得通红。火舌已向室内探头,舔舐着房间的墙壁,原本的白色腻子已然被熏得黢黑。热浪扑面而来,极高的温度似乎扭曲了空间,让世界好像按了暂停键一样无声迟滞,只有黑烟还在不停地往房间里灌着。我拉起同样不知所措的宋姐,三个人搀扶着冲出去。好不容易打开门锁,我们又惊恐地发现,原本就狭窄的走廊此刻更是拥挤不堪,无数人拼命推搡着往外冲,到处都是幢幢的人脸、手脚、哭声。

最终,我被人流裹挟着拼命挤出宿舍,记忆近乎一片空白。手臂、小腿都受了擦伤,隐隐渗出血来,浸过了衣物的布料,但我已无心去管。宋姐和梁英的状态看起来也不大好,不过毕竟是逃出来了,正惊慌失措地四处张望,脸上还透着劫后余生的苍白。我坐在地上,浑身发着抖地喘息了一会,才逐渐开始留意周围的景象。在我休息时,空地上已经聚集了大批的租户,他们都仰着头,惊恐未定地交谈。我镇静下来,才发现火源离我如此之近,就是秦复京房间的阳台。铁丝网烧出了一个巨大的焦炭色的窟窿,夜幕映照下宛如幽邃的眼眶,正汩汩地向外冒烟。这时我悲哀地看到,那片爬山虎早已化作灰烬。

不少人闻声前来,接着水管试图往里泼。火势不算很大,浇了一会儿就只剩下零星的火光。大家互相确认了一下,除了有些拥挤时的擦伤,大约是没有伤亡。空地上非常吵闹,人们都在寻找自己认识的人,大声的呼喊和哭泣交织在一起冲撞我的耳膜,不停还有村里别处的人听到动静,陆陆续续地赶来,让空地几乎无处站立。我被挤来挤去,最后竟在人群里看到了秦复京。他也受了些轻伤,但看起来并无大碍,沉默地蹲在一旁。

人群骚动起来,讨论火情的声音变大了些许。我留神听了一下,火源似乎是因为懒鬼的烟头引燃了那些阳台堆放的纸箱。懒鬼刺耳的嗓音在人群中响起,一下盖过了所有的讨论声:"老子在阳台抽了 10 年的烟,从来没有出过事,谁再敢说是老子的问题?"

人们闻言都望向了角落里的秦复京。不知是不是因为懒鬼这番话,秦复京的状态看起来非常糟糕,一扫以往的波澜不惊,脸色灰暗,身体也有些颤抖。但即便这样他还是没有出声反驳,只是茫然地瞪着半空,视线不知落在哪里。他好像并没有听见懒鬼接下来在骂些什么,也没有感受到人群向他投射去的目光,彻底缩回了自己的世界。这样的秦复京让我突然察觉出一阵莫名其妙的恐惧，他好像变得很虚无，能在他的身体里看见巨大的空洞，似乎下一秒就会消散成无论如何也抓不住的尘土。我火气瞬间蹿上头顶，跳起来指着懒鬼就骂："干出这种事还大言不惭，别在这里发什么疯病，有本事和我去警察局再扯。"

人群又变得混乱起来，但这次矛头指向了懒鬼。懒鬼张了张嘴，最后也不敢再和我对骂，只得悻悻地背过身去。我摸了摸衣服口袋，临时披上的外套，竟然摸出一个橘子，现在成了我全身上下唯一的东西。秦复京还是那副样子，蹲在一边，怔愣着不知在想些什么。我捏着橘子踌躇了一会儿，最终还是没有上前。

警察来了，疏散走了围观的人群，进行最后的灭火工作。大家开始陆续回去清点财物。我走进被淋得湿透的宿舍，房间里还冒着蒸腾的热雾。我们的宿舍和隔壁秦复京的宿舍受损最严重，大部分东西都不能用了，连墙壁都几乎被全部烧毁，房间里四处铺满了厚厚的、漆黑的粉末。虽然这出租房里并没有太多值钱的东西，但梁英和宋姐的全部家当大约都在这里，她们抱作一团哭得肝肠寸断。而我从孑然一身又回到孑然一身，竟不觉得有什么悲哀，只是不停袭来阵阵巨大的疲倦。

一片混乱里，秦复京失踪了。警察想找他问话，但没有人看见他去了哪里。有些人担心他出什么事，张罗着要去找他。另外的人不以为意，说他这么古怪，也许去哪里散心了，指不定什么时候就会自己回来，大家也就作罢。而剩下的收尾工作实在太过繁重，人们也不免将秦复京的失踪抛到脑后。我在警察局的椅子上疲惫地度过了一天一夜，最后趴在桌上睡着了。再睁开眼睛的时候，眼前又是一阵骚乱。

留在这儿的工人大多都醒来了。大家似乎如临大敌，身边陆陆续续传来了早该止住的哭声。我还有些迷茫，搞不清楚眼下的状况。梁英醒得比我早，双眼布满血丝，看上去也哭过一轮。此刻她语气平静地告诉我，秦复京死了。

很难形容那一瞬间带给我的冲击。我的脑子"嗡"了一声，但想象中的崩溃或者哭泣并没有出现，仅仅是极度疲倦的大脑被迫再度运转而产生了过载。眼前的场景扭曲了一瞬，仿佛下一秒就要炸开，最后我却还是怔怔地立在原地。天旋地转间，我似乎听见自己颤抖着嘴唇问，怎么回事。

秦复京的尸体是在郊外一间荒废的砖舍找到的。晨起的村民看见异样，马上报了案。警察赶到现场时，发现他在身上浇了汽油，然后点燃了火。我麻木地听着梁英的叙述，她的嘴唇开开合合，但这些字却没有在我的耳朵里形成画面，只是混乱地排列着、冲撞着，让我的思考泥泞不堪。眼前不停地闪过一些破碎的片段，却又抓不住什么，只听见脑子里有根极限的弦崩断了，发出低低的哀鸣。

秦复京，他的生与死都仿佛无言的标点，被命运符号化成一个圈或者一条线的产物。他生前的往事没有在我记忆里留下任何痕迹，死亡更是犹如一部小说戛然而止的结局。你想要看见更多，想要知道理由，但除了墨迹后一片沉默的空白，什么都没有剩下来。

我没有看到他最后一面。后续的事件我不再赘述，秦复京死了，懒鬼判了失火罪，阿斌带着宋姐走了。宋姐离开后，那个梁姓男人领来一帮人气势汹汹地闹了好一阵，我这才意识到他就是宋姐口中那个儿子。当他看见失火后出租房的惨状，确信是什么也没有留下，又头也不回地走掉了。自此我再也没有见过他们。

突然之间只剩下我和梁英两个人了。我们临时住在房东空出的仓储室里。宋姐走的时候是阴天，她没有和我们告别，房间里安静得似乎还游荡着门锁撞击的余响，声波回弹在窗沿上，微微地震颤着。梁英点起一根烟——从前我不知道她也会抽烟——一时屋里烟雾缭绕。这时窗外开始下雨。暴雨几乎是瞬间落下的，于是我把窗户用力地关上。也许是太久没有移动的缘故，它发出一阵刺耳的哀鸣，紧接着就是雨滴紧凑地敲击玻璃吞没哀鸣的尾声。梁英的烟在碰到透明屏障后折返，像是我过去读书时做的科学实验，那道碰到镜面后的激光。烟雾逐渐散去后，仓储室里弥漫起烟草与焦油混杂的气息，充盈浓郁，压住雨后蒸腾的青草的潮湿。

透过烟雾我望着梁英出神，过去我似乎从未端详过她的面容。她很少不化妆出现在人前，但化妆技术不尽如人意，所以平时我故意不去看她涂得血红的嘴唇和指甲，以此表达我隐秘的鄙夷。现在她脸上干干净净，虽然面色有些操劳过度的暗沉，但我才猛然反应过来，她也许也不超过二十岁。

我试探着问她："以前怎么没见你一起抽烟？"梁英吐出一口烟圈，喃喃道：他不喜欢女人抽烟。

谁？你的男友在吗？

她讽刺地冲我笑了笑："不知该说你什么好，也只有你会把他看成我的男友。我和他在一起待着，他会给我钱，这样你听明白了吗？"

我一时说不出话来。

梁英没有继续看我，而是转过身，痴痴地望向窗外。雨声不绝，但下过一阵后原本阴沉的云已经散开许多。光线铺在她朝窗的侧脸上，剩下的半面蒙在阴影里，让我看不清表情。她自顾自地说："我知道你看不起我们，但是你知道吗？我更看不起你。你不乐意念书，从家里跑出来；而我从家里跑出来，是因为我被打断了的右手。除了逃跑，我不知道还有什么法子可以走。但我跑出来以后，才发现这个世界对像我这样的人来说太残酷了。"

"我恨你，但我也知道我该恨的其实不是你。你太年轻了，也太蠢了，没有吃过生活的苦，反倒要来找苦吃。现在你可知道这个世界是什么样子的。我和他分开了，东西也都在火里烧掉了，这个房子我已经不能再住下去。接下来我们各走各的路。你走吧，回家去，把书念完，不要走我的路。"

房间里许久再无人说话。我回过神，却发现不知何时已泪流满面。

三天后，我来到主任的办公室，提出了辞工回家。主任是个长着八字眉的中年女人，看见我来了，略显凄惨地冲我笑了笑。我看着她湿润的眼眶，明白是因为最近的一系列事件，这让她的面容看起来更加愁苦。我张了张嘴，本想安慰她，但又不知该说些什么，一时我们之间流淌着浓稠得如同固体般化不开的沉默。

趁着这个空当，我最后再环视了一遍这里。虽说是主任办公室，但面积很小，空气有些混浊，还能听见厂房里机器的轰鸣，平添一丝令人焦躁的嘈杂。书桌上乱糟糟的文件，永远走快五分钟的挂表，墙上的美女挂历，都是我当年背着包裹走进这里的时候所感到雀跃的一切，如今看来，竟都蒙上层物是人非的雾样的悲哀。敲门前我就闻见办公室里飘出普洱茶的味道，一瞬间将我带回了第一次站在门口的那天。明明只过了一年，却有什么东西已经轰然倒塌。

我望向窗外的电线杆，上面不知何时停了两只乌鸦，正重复着单调的鸣声。

主任看完我辞工的短信，并不甚意外，而是起身走到柜子前，摸索一阵，最后竟掏出了一本积灰的相册。她把相册摊在我面前的桌上，我愕然地看见，里面竟有几张秦复京的照片。照片里他最小看起来不过10岁。她说："厂里有传言，你和秦复京这孩子关系不错，想来也是如此，你们都挺特别的。"

我茫然地垂下头。实话说，我们甚至不能称得上"关系不错"。

主任将视线投向了窗外，喃喃道："那年也是这样的一场火灾……没有这次这么幸运，他所有的家人都死在了那场火灾里。那时他才不过10岁。"

"事故的起因我不想提起。人们都说是因为他才导致的火灾，说他克死了家人……是的，我想你猜到了，和李贵（懒鬼）说的那番话近乎一模一样。我收养了他，让他在厂里长大，工作，我也照常发给他薪水。过去他想忘掉这一切保护自己，但这孩子认死理，这样只是惊险的平衡……我早该知道会有这一天。原来他到现在还觉得，自己不应该在那场大火里活下来。"

我已经忘记了那时是怎么走出的办公室。最后主任替我买了车票，还从相册里揭下一张他的小像送给了我。似乎是最近的一张相片，相片里他露出了一个淡漠得难以察觉的笑容。

凌晨我坐上了开往家乡的火车。窗子很小，缝隙里塞满尘土。将手指抵上去，能感受到它在呼啸的寒风里不停抖动。我努力透过玻璃往外看，偶尔有铁路灯一闪而过。但大部分时候，我只能看见自己在玻璃上投射出的模糊轮廓。我不知道这是在凝视夜空还是凝视自己，又或许这两者并没有什么区别。

一路往北边走，窗外开始下起大雪，但车厢里仍然锁住了来自南方的潮湿闷热。我把外衣脱下来搭在肩上，毛衣的领口很粗糙，隐约扎着脖子上的皮肤，留下一道不舒服的红印。空气中弥漫着的烟味和睡眠的气息，沉重而迟滞。虽然我奢侈地拥有一个座位，但火车上的椅子并不舒适，硌着我全身咯吱作响的关节，令这个长夜显得更加难挨。于是我站起身，搬着难以挪动的双腿尽力在过道穿行，跟跟跄跄来到两节车厢的交界处。

这里的窗户开了道缝隙，寒风不顾一切地灌进来，迅速带走我身上的热量。我几乎是溺水般大口喘着气，让冷空气在肺里循环。新落的雪有凛冽的味道，使我的脑子恢复了几分清醒，刚刚在车厢里的一切仿佛是场不那么愉快的梦。这里晃动得厉害，我只能单手抓着身旁的栏杆保持平衡。对面有一个男人在抽烟，看见我便递了一根过来。我摆摆手，从口袋里摸出自己的烟盒。但风太大，我尝试了好几次都没有点起打火机，只好示意他借了个火。两人就沉默地站着抽烟，这似乎是一种独特的默契。抓过的栏杆上有铁锈和水渍，在我手心里留下独特的铁的腥味，然后逐渐蔓延到空气中，和烟味混杂在一起。透过烟雾对面的男人突然抬头看了我一眼，带着几分口音地问我是不是想家了。我摇摇头，但我在那一瞬间却想起了他。

下车后，我和工厂就此断了联系，但联系本身仍千丝万缕地在我所看不见的另一端发生着。

每当秋风起的时候，我还是会想起秦复京，想起他无声无痕的一生，像寒风或者曾做过的某个梦，不算虚假，更算不得真实。这么多年过去，我总怀疑他是否真的存在过，只有那张泛黄的小像朝我露出淡漠的笑容。有时候觉得造化弄人，我与他之间的距离不只有一张照片这么遥远。我不是一个拥有很多故事的人，我的故事往往修建在他人的故事之上。那座工厂锁住我太多的记忆了，连带着我的人生也在工厂停留得太久了。

继而我又想起梁英，想起宋姐、阿斌、懒鬼。他们的面容在我眼前闪回，但是再也看不清晰。我没有再见到他们其中的任何一个人。午夜梦回，他们早已消失在人海之中，只有我还在试图握住命运的这一端。我的心脏像一块木雕，上面最深重的痕迹皆来自他们。

秦复京的存在就像锁链的一环，扣住了我和他们的过往。他其实本身无意义，我充其量只是他生命中一个不会被记得的旁观者，就连他的生命于我而言也不过是记忆里不到一年的切片。我追逐他因为悲剧发酵而缄默的独特，追逐我因为他拒绝过的窥视而膨胀的怒火，对虚影的执念太深，傲慢到自寻苦难，却唯独听不见我身边真实的哭声。我走出那扇橱窗了吗？也许还没有。月光下陈列着的那些命运仍然环绕在我身边。它们反射出一道冷白的光，映照我自大而不自知的过去，还有此后一生的苦修。

写到这里，窗外又起风了，叶动枝摇，惊飞了一群吱哇乱叫的寒鸦。"寒鸦栖复惊"，我又想起这个诗句来，在嘴里将它当作咒语般念着。

无论如何，当时应该把那个橘子送给他的。

初 恋

2021 级　马文轩

我想去看海，已经好久没有去过海边了。

这么想着的时候，这个国度的触角已经识趣地收回去了。于是在最近的梦里，总会断断续续像棉被芯错位一样，想着海里的事情。

涛声于我而言，只能教我想到静冈，现在挂着件软垮垮的旧工作衫走在回家的夜路上，倒像是车流的声音了。据说深海永远都是夜晚，比失眠的夜里、独自在房间里，还要叫人怖惧。很久以前，还是处子之身的时候，我就见过夜晚专捕章鱼的大船大灯，在黑黢黢的海平面上散出动人的光，诱着可怜的软体动物逆着水泡游来。

"那个就是捕鱿船。"母亲和还是孩子的我们坐在兜风的车子上，吹着滑腻的海风指着厓角夜里浑然一体的不知天还是海——黑得像是蜘蛛肚子上的颜色。曼殊斐尔瞳色里的小妞，透过灰蒙蒙的窗子，会看到船外的海底吗？也许会看到浪谷的底色。我还是孩子的时候，曾经拿着一块翡翠，盯着它愈来愈朦胧、愈来愈神秘的绿看，那不是能疗养人的那种绿化的绿，夜里的大海被我梦见的时候，我就会想到那种犹如后半夜街上流浪猫的眼眸子般的绿色，于是赶快睁开眼睛。

"露子，不要突然坐直身子。"兜风车在刹着速度滑坡，岛中村墟的光色晃进了我的眼睛里，母亲的声音连带着进入我耳中。

我总会把涛声当成黑色的巨鲸在嘶吼。它们不会累的吗？声音不会哑掉的吗？

安全地小跑过一个十字路口，停滞的车纷纷不情愿似的压住步伐，发出低沉的汽声，后灯染得鲜红——血管裂口的颜色。

初 恋

　　海上没有岛，只有孤零零的钻井平台，一入夜就如同太古一般的黑。我选了条绕远的小路，那是傍着我们城里唯一一条河的小道。可是海还是吸引人的，我想，莳山家的孩子，怎么可能会住在钻井平台上呢？现在想着，觉得两年前能约定下来的海真是太好了，可是这个约定却永远只能是约定了，就像第一次亲吻过的人，永远只会被这个扰人的"第一次"遮去所有浩瀚一般。

　　我在给茶子写情书，但那不过是些小字条罢了，我们总喜欢一起找些事儿做，我们总喜欢走着。

　　"有大雨吗？那就在亭子里歇会好了。"

　　"快拿着布袋挡雨。太阳刚西斜的时候还是晴天的，怎么突然就下起太阳雨了。"

　　"坐里面一点喔。"

　　我们跑过一束斜阳映照下的斜坡，挽着彼此被体温打湿的绵软的手臂，像冬天电线上的麻雀一般地紧挨着，在亭子里宣布我们的蜗居就此开始。

　　"今天可是偷偷跑出来的呢！"茶子点着我的鼻子说道。她的瞳边像快晴夜的流云，海藻一般地闪烁漂流。

　　我们在这异国的雨幕里溶成一块儿了，舌尖裹着热带的气息搭成了一座危险的桥，合十的手黏在一起，度过了没有风的夏末。

　　我想现在还不太晚，便在母校旁边的咖啡馆里坐下，用吸管喝起了少冰的可可。

　　"冻的东西怎么不会让人感到潮湿呢？"我呆望着吧台里忙碌的店员，她圆圆的脸上反戴着顶圆圆的帽子，长得特别像高柳知叶。她正在给前面一个蓄着狮子毛一般胡子的大叔的卡布奇诺补上被搅散了的拉花。

　　我们也老是喜欢瘫在咖啡馆里，讨论彼此本家的往事，在泪水之间得到抚慰——就好像是那些可可里的冰都是用泪水冻起来制成似的。

　　现在我在喝掺着茶子眼泪的可可，一点都不咸，茶子的眼泪假得很。

　　车水马龙因为深夜的到来而不再嚣张了。现在，我们可以透过馆里一块偌大的落地玻璃，看到楼顶上橘子颜色的长明灯。我们不知道它是什么时候亮起来，又是什么时候灭掉的。我羞赧地想着自己竟也像是那灯一般地恣意任性，原来自己却不觉已是掉进了所有人的恶作剧里——我在被人偷窥，那个狮子胡子的大叔在窥视我，那个圆脸的店员要把冰块砸在我脸上：好让我的眼泪和茶子的眼泪混在一起。要是现在还有一次机会，我肯定是要和茶子在烟雨的亭子里一齐大声哭号一回的，于是我不禁兴奋起来，悸动着收紧自己的双脚，擦擦空调都没办法冷却的汗。

咖啡馆也卖奶酪蛋糕，我不喜欢那层像是鼻涕一样的什么"海盐"，我觉得那是一种糟蹋。有一次我和茶子吃些光溜溜的方块奶酪蛋糕，虽然不凉不热的，但总比这些只是看起来纤细喜人的东西好吃多了。奶酪在嘴里透过温热的舌叶，很快就融成了鲜奶发酵的香气，如果里面有几颗蓝莓，果汁就会揉掉可能的甜腻，那大概就是最完美的甜品了。林二汶唱得可爱，大概也就是因为现实本就如此。

可是，海盐会让我想起白日里海的另一面。即使已经很久很久没去看过海了，一下子还是会想起来。我没和茶子去过海边，也还好没和这位无名茶子去过海边。我坐在一棵干瘪的椰子树下，目睹着这一切——伴着涨潮带来的黄色浪泡。

"莎——莎——"波塞冬在抗议。

"吁——吁——"我在抗议。

我现在觉得茶子会很喜欢这一切，她对小孩是无条件的溺爱，如果就像那时那样再过更多的年岁，大概——她会宠坏我们的后裔的。

我折好吸管外包装的长形纸袋，扔在堆满烟头的垃圾桶里，然后走出人声渐弱的咖啡馆，走出令人忸怩的海滩。与此同时，月亮已经近中天了，而残日却要匆匆逃离可悲的地平线，从没有一艘船和一片浪的海平面上摔下去。

我摔了下去。

踱过近家的楼市，那些还没竣工的高楼，长满了浒苔一样的绿色纱罩，在快晴夜里，像是一个个沉默不语的祭司一般，在古雅肃穆的主堂里有序地矗立着。茶子很喜欢拍照，很多次我们都有拍到这些和夜空比起来显得格外阴暗的广厦。我在想象，想象自己也出现在茶子的胶片里。

"我脸都笑僵了！真是的！"我傻笑。

"等下！就这个最自然。"

然后她忘打闪光灯了，黑漆漆的成片里，只有我的镜片在夜景里的反光。"又浪费一张咯。"我嘟哝道，却悄悄地把我这丑照藏起来。

不过她还是专业的，不少学生都在她的镜头里找到了自己心心念念的模样。我也找到过，可是我弄丢了，我大概只有这些丑照里小丑一般的轮廓了。

所以放开心来想的话，我只能想象自己出现在胶片的高楼里。一个灰色的我从楼顶坠落下来。扑通一声，落进发酸的朗姆酒里。

我其实不喜欢甜的酒，我喜欢苦涩的酒。这位莳山氏曾经和他的笔友一起吹过两瓶威士忌。独酌不如对酌，然而酒会就令人难以忍受了，全是脸上盖着赛璐珞胶纸的喽啰，莳山氏尴尬地结着一层难看的笑脸以代替着胶纸，在桌上唯唯诺诺，也不知道要说些什么好，就把双臂局促地乱放在双腿间，不时拿出一只手来揉揉自己油滋滋的头发，另一只手捏着杯柄不知道和哪位碰杯。要是没有强劲的中央空调和象征雍容华贵的紫水晶吊灯的话，这位莳山氏大概是要从热中摔进梦乡了吧。

他摔进梦里了？

——不对，我跳了出来，即便是还没有跳过中学生要求的合格成绩线。我跳了出来，我想跑回去茶子那里，我们要在夏末的夜风里一起下落不明。

我就要走完这条绕远的路了，夏天要完了吗？夏天的暴毙就像是夏天刚来那般——我不安起来，惶恐起来，这不是高温引致的汗让我第一次这样浃背淋漓。我不太喜欢夏天，茶子还在，我如今自己绕远路的夏天就不可能是舒心欢畅的了。我希望茶子倒是和夏天一块儿死了的好，这样我还能在秋天到来之前，摘下一颗鸡心柿去给她送葬，会有多少人出席这阴郁而干燥的仪式呢？我会站在最后一排，不署全名地列在一堆我素未谋面的亲友之间，以西洋的名字合法地佯装存在着。我看不见她的灵柩，或许穿着天使服的她此刻会静悄悄地飞到我黧黑的坎肩上立着。静静地专心听我愈加快且散乱的心悸，就像夜里涨潮拍碎的海浪一样。

"我们一起站在钻井平台上吧。"她会读到我的心声。

然后她和我就都在冬天睡去了，她在腐殖土下化成来年的山樱，我在素白色的棉被里呼吸自己的空气。我很喜欢在冬天穿着旧的厚衣服呼吸；在岛上的时候，我偷走过茶子的卫衣，给她留下一张顽皮的"我带走啦！给你洗洗"的字条——不对，是情书。

冬天的风凛冽，伴着我独自散过步的海边，体感只会更显清冷。这时谁家的床上都应该是要温暖的。神明看不见我和那件旧的卫衣在做什么——我们在同居。

我爱上了这件卫衣，这件蛋黄色的卫衣，这件就像发肤本身那般可爱的卫衣。这件娇憨的卫衣——我的汗水打湿她了。神明看不见我在做什么，神明却明明白白地指导着我起身之后要踢着拖鞋蹒跚走向洗衣房。

我的肺泡比普鲁斯特的还要敏感。我知道海上有令人畏惧的气味——夜晚更加浓烈，不过那不是恋人身上的味道，那是海底的鮟鱇鱼，顶着一盏橘子颜色的长明灯，献祭出它的肝脏予我以亲爱。

我快回到家了，今晚大概也会抱着素白色的被褥睡到明天下午。茶子会在午茶时分上床，摆好彼此的眼镜，不让镜架划花谁的镜片，然后在晚饭时分醒来。听到岛上的蝉鸣失声时，我会想起秋天的寒蝉。于是我就知道，每一片秋叶迟早都会飞抵北国的新地岛。

我捧着茶子酡红的脸蛋痴痴地笑，稍微伸下懒腰，继续磨蹭，直到傍晚茶香四溢，再穿上衣服。这个永恒的房间里没有臭味，没有海上令人发怵的景象，有的只是发梢和香波糅合的香气，仿佛被水气弥漫涸开来的玻璃淋浴间。

我在纸条里，用拙劣的平假名写道，"我们借沉溺里的分裂得以盛放"。这张小纸条应该还夹在茶子的教科书里。

我径直走向家附近的郊村，想吹下后半夜的风再回去。夜色更明朗了，那诗人当年渡过琼州海峡时，天色会不会也是这样的教人欣喜呢？快晴夜的流云，海藻一般地闪烁漂流过去，云儿短暂得就像是太子站和旺角站之间的距离。冬天的夜晚可没有这样透明。在冬天和茶子突然远走之前，我们一直紧闭着双眼，我明天要把这一大沓用劣质牛皮纸写的情书和简笔画拿下楼来，在村边的水渠旁烧掉。现在早稻也差不多熟透收完了，我将成为第一个蹲在田边焚烧禾草的村民。

"冬天已经过去了。"几乎完全为汗水所溺的我如是说。

我睁开了眼睛，不留一点残火所带来的灰烬和轻烟，春天来了，春日的山樱该是如期盛放了吧？与谢芜村是不会骗人的。我睁开了眼睛——我睁开眼睛了，茶子。可是你永远只会假寐，你从来都不会睁开眼睛，你永远不会睁眼了，我叫不醒一个装睡的人。我不忍心也没资格更完全不配伸出我禽兽一般的手爪去捏开你的眼皮，一来你会咬死我——把狂犬病传染给我；二来你会看见我即便擦干了也擦不掉红肿的眼睛。

我上楼，插钥匙，摆好冰箱里的朝日啤酒。在昏暗的阳台里找张脚凳坐了下来。村里没有吹到的风在家里倒是吹到了，我隐隐约约地看见，茶子的洋桔梗抢走了我们家向日葵的花盆，在台风来临前的夜里擅自开放了。台风搅得天色像是浪花里的黄泡沫，一个接一个地打过来。

"茶子，我们别去海边了。"

热带的噩梦像烟花一样阴惨地在我们的心间迸裂开来，像是暗流和漩涡里的水母被撕散。我知道的，海里还有会放肆铺展开来的蝠鲼。

"茶子，我很害怕蝠鲼，我们别去海边了。"

阳台的风止住了。

时光织梦

倾听一腔温柔

2020级　何八骏

这里是我关于民谣与生活的探索。

——题记

"我把天空和大地扫得干干净净，归还一个陌不相识的人。我寂寞地等，我阴沉地等。二月的雪，二月的雨，泉水汩汩流淌，花朵为谁绽放。民谣与诗，用音乐连接彼此。"

这是我最喜欢的音乐电台的开头，一段充满诗意和意蕴的旁白携带着背景中老旧的唱片机歌声，行走在耳边的寂静里。电台的片头曲放的是周云蓬的《九月》，"目击众神死亡的草原上野花一片，远在远方的风比远方更远"，一个忧郁的盲人歌手唱着海子忧郁的词；接着是雷光夏的《黑暗之光》，"海靠近我，空气湿了。黑暗温柔，凝视着我"，一个优雅的台湾歌手唱着黑暗温柔的诗……

音乐，陪伴着我度过了多年的生活。如果说没有了萦绕在耳边的音乐，我不知道我会失去多少意义非凡的人生乐趣，失去多少烦躁过后安静下来的自我感动，失去多少深夜里不停思索的精神力量。在我的生命里，音乐，温柔着我，也点燃了我。

房间里有一台蓝色的收音机，放在不锈钢的防盗窗旁。窗外，近处是一条条曲折的旧巷，远处是一抹墨黛青山。初中的我，就是居住在这样热闹而又寂静的县城里，被音乐之光所点燃。好像空荡的山谷里行驶的两辆寂寞的货运汽车，车灯在午夜投出两道寻寻觅觅的锐利光束，在环形公路上突然相遇。我明白，即使只在拐弯错身的刹那，它们也知道永远都不会背弃对方。

我还记得，那台收音机，是母亲带着我去市场买菜时顺路买下的。回到家后，我不停调试着电台，仔细倾听着。与嗞嗞作响的电台杂音相比，我更喜欢恰到好处的音乐：一阵沙沙的噪音背后传来细细的吉他声，然后随着电台螺旋的慢慢转动，噪音渐渐褪去，音乐变得清晰。就像月夜中朦胧的湿雾被微风拨开，迷雾隐遁，月轮显现。当一串美妙的音符打在我身上的时候，我仿佛看见了心底的那轮明月，沐浴在一片清辉之中。

起初，电台放的都是当时流行的歌曲。跟大街小巷里听到的都差不多。后来，我找到了一个频道号为"FM90.7"的电台，这是惠州的一个交通音乐广播。在实时播放路况消息的同时，我也能听到不一样曲风的歌曲。特别是晚上9点开始的一小时音乐之旅节目，现在还依稀记得那个电台主播的名字，在我的印象里，她是纯良儒雅的长发女子，有着极高的音乐品位。每次我都准点等候着，期待新的一期音乐之旅。从热情的西班牙到庄重的希腊，从优雅的英国到浪漫的法国……她几乎带着听者走遍了每个国家。她精心选出的代表民谣不仅独具特色，也不落俗套。聆听时，她不仅分享着她的感受，也介绍着该曲的创作背景以及深刻内涵。或许正是在这样的熏陶下，我也渐渐对世界民谣有了一个笼统的认识。我开始主动去听一些民谣，沉浸在一段又一段的音乐故事之中，时常热泪盈眶，时常沉默不语。

我喜欢充满青春色彩的校园民谣。倾听着老狼的《恋恋风尘》，想象着白裙子单纯的女孩与淡蓝色衬衫文艺的男孩，一把吉他，一片草地，围坐在一起，热情而又内敛地相视着；倾听着水木年华的《中学时代》，从李健的歌声中窥见粉蓝色的中学校园，一名蜷缩的、被淋湿的女生，躲在角落里偷偷地哭，背后站着一个撑着雨伞的懵懂男孩；倾听着罗大佑的《恋曲1990》，抬头想念终究难舍的蓝蓝的白云天，眼前却是轰隆隆的雷雨声，一双无神的双眼。

我也欣赏20世纪的传统民谣。放着莱昂纳德·科恩的"In My Secret Life"，在诗人歌手的低音嗓中，仿佛看见咖啡香萦绕的一间小屋，桌子上散放着一张张字迹凌乱的诗，烟熏泛黄的手指，夹着一根火红的香烟，他的眼神灼灼逼人，却流露出惊人的温柔；放着鲍勃·迪伦旧唱片里的"You Belong To Me"，一架银色的飞机跨越太平洋，来到潮湿的雨林，两人相拥在孤独的山洞，定下不变的誓言；放着野孩子乐队的《黄河谣》，耳边传来远方朦胧的鼓声，眼前是滚滚翻腾的黄河，黄河水不停地流，流过了家，流过了兰州，月亮照在铁桥上，桥上站着一个望月的思归人。

萨冈写给萨特的一封信中，有一句给我的印象特别深刻："这个世纪疯狂，没人性，腐败。您却一直温柔，清醒，一尘不染。"失去视力的萨特听到这句话时会是怎么样的反应，我无法推测。但我想象这句话的旋律一定是民谣的旋律，它就像海边夕阳中裁下的一片余晖，轻轻地覆盖在双目上，如此的安静，在落日沉入海平面时，远处传来的是海鸥的歌唱以及水浪拍击在金色沙滩上的吟咏。他虽然看不见，但能听见。民谣亦如此，眼前的世界纵使一片黑暗，但耳边传来的音乐，将一切黑暗驱散，它扔下一串温柔的音符，思绪便顺着这串音符走进另外的开阔的世界。

　　除此之外，各式的民谣也时常能勾起我的心弦。但我听的音乐也似冰心笔下墙脚的花儿，只是孤芳自赏罢了。身边充斥着太多浮躁的风尘，熙熙攘攘的人群，车水马龙的东江大桥，吵闹燥热的街口市场，我走在坑坑洼洼的水泥地，拿出一副缠绕的耳机。我低头认真整理着耳机，仿佛也在整理我的思绪。

　　音乐播放，旋律跳动，眼前是现实世界，耳边却是理想世界。我走在两个世界的边缘，小心翼翼。我看到成千上万的人快速走过，人们听而不闻，人们说而不言，人们视而不见。我低头走着，逆着人流，拐进旧街小巷里，在逼仄的狭道里走进一方温柔的世界。

秋　趣

2021 级　陈嘉仪

　　问一个生长在岭南的孩子：你眼中的秋天是怎样的？标准回答必定是：岭南只有夏天和冬天，怎么会有秋天呢？而实诚的孩子的回答便会是：岭南的秋天有"秋老虎"的说法，比夏天还要热呢！但是我要自己人为地给岭南划出一段名曰秋天的时间，正是在立冬那夜的凉凉的大雨之后的这些天。

　　立冬那天的白天，确确实实可以用粤语方言中的"日间"来形容。从日出到日落的每一分、每一秒，从操场到教学楼的每一层、每一间课室，都被火热的太阳包裹在其中。如果你"有幸"恰好在楼顶，那更是可以体验一个淋漓尽致，因为除了脚底下的这个方位，你将在一天中感受太阳环绕式的全方位移动照射。有阳光直射的地方，你几乎无法睁开双眼；而阳光照射不到的角落里，你的每一个毛孔无法不打开，淌着汗水努力呼吸。

　　终于，在立冬这夜，岭南人迎来了期盼许久的、迟到将近两个月的"秋雨"。"一场秋雨一场寒"，经历了长长的夏天变得黑黝黝的皮肤，终于能覆上了两层薄薄的单衣。但是，头上的那片天空却喜欢风度而非温度。他裹挟了不知道多久的、混杂了整个城市的灰尘的一堵堵云，如换季清仓一样，一股脑地塞进一个大袋子里，然后用电泵抽成真空状态，抛到了某个垃圾堆里。人们常喜欢称这时的天空为"秋高"，而我却觉得不然。它并非如此的孤高，让人觉得清冷且不愿与人接近的。它应该更像是回到了婴孩时那样，轻薄的、稚嫩的、纯洁的、柔软的、不带一丝丝忧愁的、惹人怜爱的，让你忍不住想去接近它、抱住它、亲吻它。

　　出于对这天空的喜爱，我常常想，或许这也是燕子南飞的另一个原因吧，毕竟这时的天空是完全只属于他们的。从北方向南方迁徙的路程一定遥远且艰辛，但是假如我是其中的一只，我一定也能坚持到达这里。因为越是向前，我所呼吸到的空气越是湿润温暖，不会有冷刺划过我的喉咙和肺腑；而我的上下翻飞的翅膀，也不会因为长途跋涉而感到越加疲惫且沉重，而是会感到放松、轻盈和许久没有找到过的舒展及畅快，这里的天空清澈、湛蓝，没有任何的阻挡，我会觉得我的生命也升华了一般，即便我展翅升起的高度不能再高，但是我能看到更高更远的世界，感觉到"不畏浮云遮望眼"的感觉，错位成了古老的传说里的"抟扶摇而上者九万里"的鲲鹏。

对了，一定会有人说，既然天空如此地澄澈，连一片云都没有，那么太阳不就可以毫无遮拦地继续"攻击"这里了吗？是的，但是，人们即便被耀眼的日光弄得睁不开眼，却也从不怪罪这珍贵的秋。因为到了夜晚，月光也可以穿透黑暗，让每一个在黑暗中抬头仰望她的人清晰地看见她的倩影。一场"秋雨"过后，月亮仿佛觉得又快到了一年好光景要开始缓缓落幕的时候了，于是她终于忍不住掀起了那片垂在窗前的纱帘，向千呼万唤了许久的世人展露出自己绰约的风姿。她斜躺在跟白天一样澄蓝的天空里，而天空也识趣地调低了自己的亮度，变成一块深蓝色的灯芯绒背景布，默默地映衬着这位千年美人一年一度的"光辉岁月"。而距离这位美人或远或近的众星，也不禁悄悄地走出来观摩这位女神的风姿，却没有一个有资格敢与她一较高下，群星已俨然融到了这背景布上，充当了绒布的装饰物。

而在这难得的月夜里，砚湖里干枯脆黄的残荷似乎也变得好看起来。湖边的长椅上，佳人成双成对，或静静地坐着，一起抬头仰望天空，迷人的月牙和漫天的星辉落在她的眸子，而她的眸子却在他的眼里；又或是他用他温热的大手握着她的双手，在这个凉凉的夜终于找到了一个优美的借口将她拥入怀中；但还是那对坐在长椅上听风过残荷的声音的银发夫妻最引人艳羡，他们的背已经开始有了佝偻的曲线，但老婆婆无忧无虑地晃着她的脚，与老伴回忆起哪年哪月在这轮明月下他们拌过的嘴，又再想起当年他不得不服输而又心中不甘的那个无奈的眼神，心中回荡起那种小胜后的喜悦。

"风吹一片叶，万物已惊秋。"这秋自古以来总惹得许多诗人感伤时间飞逝、万物凋零、年老迟暮。什么"自古逢秋悲寂寥""夜深风竹敲秋韵""万叶千声皆是恨"……每一个字都让人心中生出许多的愁思。而岭南的秋却从不会惊人，更不会惹人心生哀愁。秋，是澄蓝澄蓝的，而且走在路上仍可以鼻嗅草青，耳闻鸟欢。而且岭南的秋来得极晚，你不仅不会因为它一夜之间降临而感到不适应，还会像父母企盼远游的孩子一样，在每一个夜晚，揣测着它的归期。远游的孩子又怎会不想归家！是啊，在岭南，秋的到来也意味着冬的临近，只要冬来了，那么在外的那些游子离归家的日子就会越来越近了。在外奔波忙碌一年，归家的钟声终于即将敲响，谁又能不欢欣喜悦呢？

  每当岭南的秋天来临，我内心总有许多想做的事。我想裁一片澄蓝的天，夹在书里；我想揽一缕秋风入怀，伴在身侧；我还想捧一池秋水残荷，装在一个搪瓷小碗里，放在窗前……岭南的秋，来也匆匆，在一个风急雨骤的夜晚悄然来临，又在下一次的冷空气到来时再次悄然出走。岭南的秋没能在诗歌经典中成为一种题材，可能是因为过去的诗人总是对岭南抱有偏见，认为这里瘴气漫天、潮湿难耐，未曾到过这里，每一个岭南的秋都在他们不知道的某个时候某个远方偷偷地来了又走了，让他们从未感受到岭南的秋之可爱。诗人们总是因为秋天带来的迟暮之感而悲叹不绝，感慨时间如逝水东流，悄然离开，无法使其停住，但在我这个岭南孩子的眼中，才情万千的诗人却未给岭南的秋天留下一些传唱千古的诗句，这才是时间流逝千年后，留给岭南大地的遗憾！此刻的我，在月色清辉中，祈愿着秋也能为我驻足，看我在秋风拂过的梦境里飞越时空，把那一片天、那一缕风、那一池秋水残荷，借给千年前的那些才情满怀的诗人才子，让他们为岭南写一次《秋趣》。

乘桴于海

2021 级　林锦婷

　　人处在空气里，如鱼在水。我们不察觉，只是吸着氧气，吐出二氧化碳。某一天，如果不是头晕，你从没有一刻那么努力地感受它。它也不记仇，依然是洋洋洒洒地奔流，轻轻将你浸在其中，无孔不入。就如同记忆一样，一个人总有那么几段回忆安睡在深处，等待有一天你陷入漩涡，它们才会浮现，给予你游离的自信与底气。

　　对我来说，高三的周末大抵就如同这无处不在，又处处无形的氧气，只有在一些压力骤增的情形下，我才恍然记起它的存在。

　　记得高三周末那浮木在手的喘息声。

　　有时在路上走着，会看见提着菜肉的父亲，我便站在一旁等待，看他和老板说笑。有时偶遇出去跳舞表演完的母亲，她一定是和一大帮姐妹出没，红绿的衣裳准是整条街最靓的颜色。还会遇见十几年的发小，打扮得漂漂亮亮地朝我明媚一笑。或许还有几只狗摇摇晃晃地从我身边经过，其中一只多半是门前那只讨骨头吃的。

　　于是仿佛一条十几分钟的路，走出了十几年那么长。

　　路那么长啊，但是再长的路都有尽头，我一步步地靠近——从村门进入，在大榕树处转弯，直走，穿过震动的桥，数到第五条小巷子拐进去，走到尽头——把进度条推进到百分百，大喊一声"我回来啦"。

　　高三的时候时间比较紧，通常是在学校考完试才回家。所以，父亲把开饭时间往后推。我到家的时候，母亲在客厅看电视剧，我回来时一定把憋坏了的话往她脑子里倒——她就像一个漏斗一样，嘴上应和着，眼睛黏在电视机上，把抓重点的本领用在了听我的唠叨上，准确地捕捉"老师""考试"

等关键词,再进行逻辑严密的反问。父亲汗流浃背地镇守在小小的厨房里,手上功夫不停,忘我地忙碌,常常他端菜出来的时候才会注意到我这个"走路无声无息,说话细若蚊呐"的女儿。有时候哥哥刚好回家,摊在床上,或者在阁楼上玩手机、玩电脑。偶尔他觉得许久未见这个和他像两个妈生出来的妹妹,大发慈悲地生出几分挂念,就专门从楼上下来,挪动尊位继续玩手机——当然,大多时候他依然走高贵冷淡风,眼角都不捎我一下。

有个懒惰的哥哥,我只好加入"店小二"的行列,端菜添饭。这时候妈妈的心神从手牵手的男女主那里回来,开始扯起嗓子说教哥哥。哥哥像没事人一样,宛如通心粉,滑不溜秋地,脑袋空空,听而不闻。等到一切准备就绪,一家人围在玻璃茶几旁。爸妈坐沙发,我和哥哥坐小板凳——只是纯粹不喜欢沙发的束手束脚而已。空气中的分子四散窜逃,我深深吸了一口,那一股一直牵引着我的香气终于化为可触可感的实质。

此刻,一周的压力总会和这一刻的感触成正比,让我的眼睛止不住地氤氲起薄薄一层雾。

下一秒立刻投入风卷残云的战局。

第一筷一定是给炸豆腐鱼。豆腐鱼天生骨头少,给父亲一挑,只剩下鲜美的肉,佐以料酒腌制,再裹上一层炸粉,下油锅正面反面一滚。少时,外酥里嫩的一道佳肴便出场了。作为大厨的忠实粉丝,我愿意点评上一句"美鱼在肉不在骨"。

第二筷巴拉一下饭,不同于食堂一块块硬邦邦的饭,家里煮的米饭香软,咀嚼生津。淀粉转化为葡萄糖的过程不需要去实验室观摩,实验者本身就充当了转化者的角色。以前很少去感受甜甜的米饭,现在米饭让我感受到甜甜的绽放,幸甚至哉!

第三筷就得是水煮菜心了。这道菜是我坚持认为的健康又美味的不二之选。我只喜欢吃菜叶,唯独对它格外包容,头和身我通通都要下肚。当然,它的坚韧也时常感动我,我不得不嚼啊嚼,把一开始的欣赏嚼成"剪不断理还乱"的烦闷。

第四筷了,吃点肉。酱油鸡、白切鸡、土豆烧鸡、板栗烧鸡等鸡肉大餐等着我轮流宠幸。酱油鸡,看似十分简单,灵魂酱油却是有头脸的角色,怎么调、什么时候浇都是有讲究的。当然,我只负责吃就没有深究。白切鸡嘛,一般是为拜神买来的。最精华的是鸡汤,米粉下鸡汤,尤适合寒冷的冬天。土豆烧鸡,鸡皮最是弹牙美味,土豆也是下饭神器。板栗烧鸡,板栗香甜,鸡肉也是我这口"老牙"嚼三两下就能下咽的。还有炸鸡翅、可乐鸡翅等等,鸡"妃子"们各有千秋,但是,我的"宠妃"是土豆烧鸡。

饭后就是一碗香浓的汤了。汤里的淮山通常是还未用力便已融化在唇齿间。这时候喝一口汤，薏米也顺着溜了进来，细嚼香软。如果是冬天，喝下去的汤会带着霸道的暖气，从嘴巴一直燎到四肢。而在夏天，则会逼出一身的汗。但是这些都无关紧要，我只需要享受入口那一瞬间的香浓，一周的疲惫便消弭在无形的慰藉中。

到了晚上，母亲出去跳舞，父亲出去散步，哥哥宅家自乐。

有时候我跟着母亲去看她的"恰恰"之旅，但是在说她动作僵硬后，我就被她那难以置信的神情逼得舌头退避三舍。后来她回老家也还是跳舞，并且自豪地告诉我，虽然她的水平在老家这个舞蹈队伍里能排在前头，但是她依然谦虚地站在了后头。

有时候我会跟着父亲出去散步，但是目的地会从公园变成超市。琳琅满目的商品，寥寥无几的人。我首先奔着薯片去，其次是其他垃圾食品，再次是水果，然后是饼干。接着就是随机环节，虽然这个小超市逛了很多遍了，但我还是乐此不疲地东跑西跑。父亲就跟着我，负责在过多垃圾食品进入购物车时适时地提醒，唤醒我早八年就立下的减肥誓言。所以最后我还是颇为理智地选购。

大多时候我是跟我那个没长骨头一样的哥哥宅在家里。他在阁楼上，跟远隔一个村一座城的朋友们打游戏，大骂的声音时常从楼梯口滚落。我就在楼下，想学习就戴上耳机听纯音乐，想看小说就盘腿坐在沙发上看得人我两忘。邻居的弟弟有时候会怂恿我和他打扑克，跟来的一定还有他姐、他哥，一窝蜂而来，然后商量玩点什么，或者就单纯地或抱手机或抱平板各自美丽。

我和邻居小弟的姐姐总有些女孩子之间的话题。每每我总能从她嘴里听到不一样的故事，听她讲兼职的地方出现的贪吃老鼠，听她说其他发小的情感进度和打闹日常，听她聊宿舍的鸡零狗碎和暗流涌动，听她诉说所仰慕的百般武艺样样精通的学长——后来变成她的男朋友了。对比埋在书本里的我，好像她才是上了个鲜活的高中。我含笑听着。我们走在各自的路上，并不妨碍将各自的所遇变为对方耳之所闻。

一夜香甜，日上三竿，车鸣狗叫，还想睡觉。

但是为了早餐，我必须爬起来！

早餐多半是桥旁边那家肠粉店。从我搬到这里到高三为止，这家肠粉店几乎永远座无虚席，晚去一会儿连青菜都不剩。作为目睹他家的价格从4块涨到6块的见证人，我与有荣焉。他家的肠粉里面一定要加辣椒，一定要加他们自己的汤汁——不是酱油！美美地解决了一餐后，就是甜点了。拿出前一天晚上买的"上火利器",开始一边吃一边看小说,吃完后来一杯热乎的茶做收尾。呜呼,所思所往如此而已!

我所想的就是把一周在学校的坏心情一扫而空,用这些饱腹感极强的东西来充实空荡荡的脑袋。

父母也不会说我不思进取,只会做个便签纸的角色,提醒我不要忘记学习。

我点头答应,戴上耳机拿出作业。

高三通常只回来半天多,马上就要走了。

我把行李箱打开,放了六瓶牛奶、五个苹果,加以零食若干、洗好的衣服一套、台灯两只。最后苦大仇深地装书,一本一本地叠加,然后给它们拉上了"安全带"。

合上行李箱,身上还带着家里洗衣液特有的香气,踏上那条崎岖的路。

父亲走走停停,拉着装满书的行李箱,陪我挤进地铁站。

忘记是哪一次,从地铁电梯下去时,我无所事事地抬起头往前看,想找父亲离开的身影。

却发现,他站在原地,是眺望的姿势。见我抬头,他朝我挥挥手。

我也挥了挥手。上地铁后,眼泪忍不住地往下掉。

从那以后,每次我走出家门前,会和母亲拥抱,撒娇要一声鼓励。进入地铁安检处,再和父亲拥抱,在电梯处挥手,目送。

后来父亲回老家,母亲也会推着我的行李箱陪我到地铁站。

以前初中时,母亲如果没有买面包,父亲就会和我一起去面包店。表舅见了,对我父亲说,不要老是惯着她,让她自己去就好。我顶嘴道,我一个人也可以,但是你不懂,这叫陪伴。大家都笑了。

是啊,陪伴。

陪伴我走出一个一个漩涡,陪伴我扬起风帆,陪伴我昂首远航,穿过缀满繁星的夜幕,抵达破晓的黎明。

我想，我是这样的女孩

2021 级　邓子意

我想　我是这样的女孩
一颗柔软的心
和一双放在微小处的眼睛
我暗恋着春雨细密的呢喃
也渴望那盏路灯　盛开在林荫道的夜晚
一朵白色的山茶花里　我小小的喜悦安住
玻璃色的海涛中　是我最平静的影子
仿佛我拥有一切
仿佛一切都有情意

山顶的孤鹰　带不走我的灵魂
谷底的野草　系不住这年轻的身躯
我愿此一生
是流淌着的小夜曲
不要什么震天动地
也无需永远被铭记
只是和缓地奏着
每一段演进

我是矛盾　矛盾使我美丽
缔造着爱情又任其自灭

培植强大又将脆弱扶起
信奉宽容又向挑剔靠近
乖巧地行事
却让背叛魂牵梦萦
生命——这是排练的戏剧
何必固守一个原形

我想　我是这样的女孩
推开一重一重未知
故事的落花　在手中缓缓坠下
直到最后
不无留恋地
转过身
离去

疑 问 集

2022 级　郭丽华

路边缀满了绿色的香樟
会遗憾没能拥抱初雪吗

玻璃窗外的茫茫雾气
是风从海边带来的礼物吗

冬日里高悬的烈阳
是冬的自我献祭还是夏的强行占有

你知道飞虫冲向烈火
一如人类扎进满山的春意吗

天上五彩绚烂的烟花
是属于序幕的美好还是结尾的轰烈

午夜此起彼伏的鞭炮声
驱走了万恶的年兽还是朦胧的睡意

谁知道除夕前后的热闹欢愉
就不是时间刻意挽留的水月镜花呢

谁又知道究竟是年味为过往止步
还是岁月抛弃了年味呢

为什么审判者永远合理
是因为我作为残次品而存在吗

发在网上的所谓确论
也会为主观臆断而懊恼吗

落日在尽头留下的灰烬
也可以成为黎明破晓的曙光吗

是罪恶被暗色埋藏
还是正义踏碎了黑夜

浮生一日

2022 级　王嘉愉

你在那头
喘息
胸腔虚弱起伏
眼前　残影碎了一地
我在这头
鼓掌
紫红的小家伙
用尽全身力气哭泣

你在山顶
升起
等一场云雾缭绕的幻影
我在山底
降落
走一回千百年前的痕迹

你在万人之上
倾听
黑云压城的声音
我在地狱之下
摇晃

淹没红旗的白雪

你在船头
吹箫
激起水光一道道涟漪
我在船尾
闭眼
梦游赤壁一杯杯豪情

你说
浮生一日
难抵人有悲欢离合
我说
盈虚消长
不敌举杯把酒问青天
天说
悲欢不通，浮生如梦

豆　光

2020 级　陈泳欣

外面又下起雨，黏糊糊的空气拍湿了我的灯壳外壁。屋子里静悄悄的，枚夫人在睡觉，瘦瘦小小地缩在帆布床里，被子上堆满了书。孩子们不知道跑哪儿去了。铁甲先生出去了两天，还没回来。

雨敲在屋顶的席棚上，四面薄墙似乎被震得抖动起来，从窗隙里吹进的湿风把古旧书籍的霉味和几件藤木家具的味道搅拌在一起。我也有点昏昏欲睡，但不行，天黑下来夫人可能要点灯的。我使劲睁着眼，试图让自己精神些。

对面是木柜，门没关紧，半掩着，依稀看见里面叠着几件薄衫。有段时间，铁甲先生总是拿着些衣服出门，空着手回来。他说这是拿去"当卖"了，能换点钱。柜子上垫着发黄的报纸，压着瓶瓶罐罐的药。

最近枚夫人肺病发作，平日在屋子里忙来忙去的人变成了铁甲先生。他这边刚蒸下馒头，那边孩子们又把泥巴弄到身上，跑过来找他换衣服；他刚把夫人晚上擦汗的七八条手巾洗好，外面又有人抱着书敲门来找他。铁甲先生经常在外衫里穿一个铁甲，他说脊背不好，得撑一下。但这铁甲显然阻碍了他的行动，总能看见他像个虾米似的半弓着腰手忙脚乱地干活。

"娘！余先生来了。"孩子们推开门，后面紧跟着一位穿长袍的先生，袍子的下摆被雨水溅出了印。门一开，外头的雨被风斜吹进来，洒到了我嘴里。余先生赶紧把门拉上。

"余先生？"枚夫人在床上撑起身子，"老梁不在，去重庆了……"

"唷，你别起来，躺好。我知道，前几天他和我说过。我就是来拿一下观音阁的图纸。"

"在木箱里。平儿，你帮余先生找找。"

屋子一隅有个架子，但只能装下一部分的书，剩下的不得不压在木箱上堆放起来。铁甲先生一家不是本地人，他们是前年夏天搬来的，听说是因为打仗。那天，我透过院子里矮竹墙的缝隙，隐约看见铁甲先生拖着大箱小箱，枚夫人牵着两个孩子，风尘仆仆地往这儿走来。这个屋子里住过很多人，但大多是农民，行李无非是些衣物用品之类的。但铁甲先生他们不一样，箱子里全是书。我第一次看见有人拖着这么多书到这儿来，以至于我一度以为他们是来这里"种书"的。

隔壁狗子不知道哪里打听来的消息，说铁甲先生是教书的。但他在这儿似乎没有学生。他只是一有空就不停地翻书、翻图纸和照片，不停地写写画画。枚夫人身体好的时候，也会帮着他一起翻书写字。

两个孩子和余先生一起，一本本地把堆放的书搬开，拉出木箱，翻找图纸。我探头望去，看见有些书的封面已经发黄，有些书上写着看不懂的字，弯弯曲曲像小虫一样。

"找到了。"余先生小心翼翼地把图纸包好，"那我先把东西送回学社。梁先生说是今天回来，船也应该差不多到码头了。"

"好，辛苦了。"枚夫人已经从床上坐起，"平儿带弟弟送送余先生，你多拿把伞去码头接一下你爹爹吧。"

雨越下越大，瀑布似的往地上倒。才下午三点，屋里已经被阴暗填满，湿气凝成水珠从我的壁上滚下。枚夫人下床拿毛巾擦干了我的灯壳外壁，把灯芯点燃。虽然光很小，但能为屋子驱走一点阴暗，我很开心。

"这是宝贝呀，我的高级马灯。"这是铁甲先生对我说的第一句话。真是盛赞，我只是一盏菜油灯，养着点如豆的光罢了。但铁甲先生似乎比以往任何一个主人都要重视我，总是小心翼翼地呵护我的灯芯，节俭地用着灯油。几乎每天晚上，他都会带着我到另一个农舍去，直到深夜才回家。那时候，家家户户都已经安静下来，只能听见此起彼伏的蝉鸣里夹着很凶的蛙叫。于是他会走得比平时更慢些，小声地和我聊天。每当谈到战区那些被淹的测绘稿，他的声音都会有些哽咽。虽然我不知道什么是测绘稿，但那听起来是对铁甲先生而言非常重要的东西。

枚夫人和孩子们待我很好，白日里总把我安置在最舒服的位置，可以俯视到整间屋子，也可以透过门窗看见院子的情形。冬天很冷，每次枚夫人把我点着的时候，孩子们都会凑过来用我的小火苗暖手。但他们从来没有在不需要用灯的时候请求枚夫人把我点着。那时我多希望自己不是一盏菜油灯，而是一个大火炉，能把整间屋子都烘得暖乎乎。

豆　光

倾盆大雨过后，雨变小了，断断续续地敲打着地上的水洼。天重新亮起来，迎着落日，屋子里还斜射入几缕阳光。桌子上有什么东西亮了一下，我才发现，原来那里新放了个清透的小瓶，里面插着两朵小花和几株狗尾巴草。

"有鱼吃！"远远就听到孩子们兴奋的喊叫声，伴着草鞋踩在水洼上"啪嗒啪嗒"的声音。枚夫人把门打开，看见浑身湿漉漉的铁甲先生和孩子们。

"回来了，又给学社筹到一点经费。"铁甲先生的头发被雨水打得塌下来，圆镜片上挂满了水珠，但遮不住他眼里的喜悦，"我把手表当了，买了鱼。今天回来的时候在集市看到的，很新鲜。"

"那只手表戴了好多年吧。"枚夫人说。

"无妨，现在也不太用得上。最近没什么吃的，你又病了，补充点营养是好的。"见没人说话，铁甲先生又加了句，"来，我们把这只'手表'清炖了。"

枚夫人和孩子们都被逗笑了。铁甲先生把我移放到桌上，便匆匆换了衣服，撸起袖子到灶头做饭。孩子们早早坐在桌前等着，等得闷了，便开始把玩我，拿指甲敲敲我的灯壳外壁，又轻轻吹着火苗。我随着他们吹过来的风，徐徐摇晃。弟弟从小瓶里拿出一根狗尾巴草，伸向我，我憋着口气一使劲，狗尾巴草的纤毛从上到下迅速地燃起光来，又迅速暗下，就像稍纵即逝的烟花。孩子们睁大眼睛欣喜地看着我，我自豪地笑起来。

晚饭过后，铁甲先生拿起我，像之前的几百个傍晚一样，又到那个农舍里去。他走到最后的位置，把我放好，托着背缓缓坐下。他又拿出小花瓶，把下颚顶住，他说这可以撑住头的重量。最近铁甲先生的背痛越发频繁，每写一段时间，就要站起来活动活动。枚夫人总是劝他多休息，他嘴上应着，但每晚还是忍不住往农舍里跑。

桌子上铺满了图纸和照片，铁甲先生用象牙雕似的手指翻着，指尖还飘着淡淡的柴火的味道。我的光很小，小得只能照亮半张纸的字。铁甲先生眯着眼，边写边移动着纸，让字去追我的光。当他的呼吸渐渐慢下来的时候，我便知道，他又沉浸到那个世界里去了。

农舍里还有其他人，他们和铁甲先生一样，也是从外面来的。他们也伏在摊满书和图纸的桌子上埋头写着，每个人旁边都有一盏像我这样的灯。几乎每盏灯都和我一样，只能投下一小片明亮。四周的黑暗融在一起，紧紧包裹着我们的光。我从后面看那些灯的时候，它们也在回头看我。我知道，它们和我一样，也不太懂。不太懂这群人为什么在炮火里逃命的时候还拖着那些笨重的书和图纸，不太懂他们为什么日子过得有一顿没一顿每天晚上还能心平气和地坐在这里写写画画。但是，他们让我觉得自己做的事是重要的，我似乎也参与其中，成为不可缺少的一部分。于是，我第一次如此认真地看待自己的存在，却也更深地意识到，原来我的光这么小。

"铁甲先生，我的光太小了。"

"不小不小，足够了。我们是一起的。"铁甲先生笑着说。

但我依旧耿耿于怀。直到那晚回去的路上，有只萤火虫特地追上来问我。

"你们每天晚上在那个屋子里做什么?"

"给他们亮着点光。唉，光小得很。"

"小得很吗?"它瞪大了眼，"可为什么我们在外面看，那屋子里像藏了个太阳?"

（谨以此文致敬梁思成先生等中国营造学社成员）

冉冉红星东方升

2021级 闪 靓

"这是哪?"捂着隐隐有些疼痛的前额,冉冉艰难地坐了起来。

只见一个黑黑实实、身穿电视剧里才会见到的破旧衣裳的小伙递来一杯水,憨笑道:"你醒啦!这里是我家,你刚刚晕倒在我家门口了,是我把你扶进来的。怎么样?你现在好些了吗?"

看着眼前的陌生小伙和自己所处的环境,冉冉暗觉不妙:"今年是几年?"

"民国九年。"小伙疑惑地看向冉冉。

"什么?民国九年?"他抽痛的脑袋顿时清醒,朦胧的双眼逐渐睁大,惶恐又不敢置信地盯着眼前的小伙。他只记得自己正在上历史课,老师催眠的声音一直萦绕在耳畔,他的眼皮很沉重。"1920年,也就是民国九年,五四运动爆发后,国内外反帝爱国热情高涨,以陈独秀为首的早期共产党领导人在上海建立起第一个早期共产党组织……"冉冉拼尽全力回忆老师在课堂上讲的内容。历史课本上的东西在平时看起来是那样的枯燥无味,只是文字和图片。而现在,自己竟然成为了过去历史中的一个人!那些历史中的某一个瞬间竟然就这样真真切切地展现在眼前?!

冉冉坐在床上发懵。小伙诧异地看了看他,又举起手在他眼前挥了几下。"你怎么会晕倒在我家门口呢?"见冉冉没有回应,小伙又自顾自地往下说。"现在社会时局差,到处都是战争,那些军阀土匪横行霸道,俺们连口饭都吃不饱;那些洋人啊,也都不是什么好东西……"小伙还没说完,就被冉冉突如其来的问题打断:"这儿是什么地方?"

"我家啊。我不是刚说过……"

"不，我是说，我们在哪座城市？"

小伙听完后更是大吃一惊，甚至还伸出手摸了摸冉冉的额头。"我没发烧啊！你是不是睡糊涂了？这儿是上海啊，洋人口中的'东方的巴黎'！"

冉冉的眼睛亮了起来。他"腾"地一下跳下床，向门口跑去。"哎——你要去哪儿？"冉冉急不可待地打开了破旧的木门，眼前的一切让他静止在原地：这是1920年的老上海，街上肉眼可见的不再是一座座宏伟雄壮的现代摩登大楼，取而代之的多是仅有两层楼的平房，以及租界中特有的洋房建筑；街上熙熙攘攘，人来人往，随处可见的黄包车飞驰穿梭在人群中，偶尔有几辆老式汽车缓缓开过；不远处传来电车的轰鸣声，伴随着港口汽轮的鸣笛声。冉冉往前走了几步，一股压抑的灰色调氛围涌上心头。天空中阴云密布，他看见了这个港口城市在那个时代的繁华，但也看到了这背后的辛酸与苦难：贫富一眼可辨——富贵人家是那些坐在黄包车上的，那些穿着西装革履、华丽旗袍的，那些在酒楼里吃喝撒泼的，那些蓝眼睛白皮肤的，那些骑马端枪横行霸道的；而穷苦的老百姓们，在码头上穿着烂衣破布扛麻袋，在马路上拼死拼活拉人车，甚至在街边杂耍乞讨卖孩子。强烈的冲击让冉冉浑身不自在，这是在21世纪的中国所不可见的。走在街上的他内心仿佛有什么东西在破壳而出，他被一种从来没有的感觉包裹着。

一个衣衫褴褛的老妇人端着生锈的铁碗、牵着自己的孩子向他走来。"好心的年轻人，求求你行行好，给口饭吃吧。"她哭腔连连。"求求你了，哥哥。"被牵着的小女孩乞求着。冉冉喉咙里不知道什么时候被塞进了一团棉花。小女孩是那样的瘦骨嶙峋，单薄破烂的衣服，让身处深秋时节的她也看起来弱不禁风。"蓬头垢面"这个词用来形容他们再合适不过。冉冉不知道说什么好，只能僵在原地，低着头。老妇人只得叹了口气后离开。

冉冉开始后悔自己没有好好上历史课，只因为第一堂课历史老师就点了他的名字并在他站起来后说了句"原来是个男生"，引得全班哄堂大笑。之前，他一直想不通父母为什么给自己起这个名字，也总觉得历史知识就只是知识。现在，他好像明白了。历史是有血有肉的，是无数个时代的见证，而人民群众的苦难烙印则尤为深重。

"别乱窜了。还没吃午饭吧，来我家吃吧！"

跟在冉冉身后的小伙盛情邀请他，把他从回忆中拉了回来。往回走，冉冉才顾上看小伙的住所：同样的破败，伫立在一群西式洋楼的角落里，极不起眼。交谈后得知，原来这是小伙工作地方的杂货间。他是一名铁路工人，同时会给前面的饭店打打下手。"趁热吃吧。"小伙递给冉冉他掰开的半张饼。尽管有些难以置信，冉冉还是接过饼并道了声谢。昏暗低矮的杂货间，两人啃着饼，忍受着深秋的寒风从墙壁缝隙中吹入。冉冉更加憋屈了。

"我叫大壮，你呢？"

"冉冉……"

"真是个好名字！"

这还是我第一次听人这么说。许多盘旋在他脑海中的顾虑一下子烟消云散了。他决心做点什么。"大壮，你知道工人阶级和马克思主义吗？"

"当然，俺们铁路上的工人经常讨论呢，说是有一个社会主义的社会，那里没有剥削、没有压迫，俺们这些穷人啊，也可以翻身啦！"

"是的，大壮。那是靠你们的努力建设而成的，这个时代需要你们。"

冉冉顿住。看着眼前这个与自己年龄相仿的青年，他突然意识到，自己和他一样，也是自己时代的青年，是伟大建设团队中的一员。

"大壮，记住，加入中国共产党……"

"加入什么？"

"中国共产党。工人阶级的政党。"冉冉微笑着说。他的内心，不知何时温暖了起来。这种触摸历史的感觉，让毫无信念的他突然充满了斗志与勇气。他在跟历史中的人物对话，而这个人，是未来可能成为改变中国的千万人中的一员。即使看到了社会中那么多的灰暗与不平等，但这背后，孕育着点滴曙光，纵使很微弱，但将来一定会成为无与伦比的光芒，从东方升起，照亮整个中国！

冉冉仿佛明白了什么。眼前的这个人，以及他们这一群人，是每一代人的希望。好似东方冉冉升起的太阳，给黑暗的中国带来温暖与光芒。"或许这就是我名字的由来吧。"冉冉看着眼前陶醉地吃着饼的大壮，喃喃自语。

大壮说要带冉冉去看工人兄弟的"基地"。冉冉兴奋地站起来。

突然，他听到有人在呼唤自己的名字。

"冉冉，冉冉……"你听错了吧？

"冉冉，冉冉，起来回答一下这个问题。"

"冉冉……"

冉冉从桌上猛地惊醒。窗外，微风拂面，全班同学都看着他。原来是一场梦。但这场梦，带给他的远不只是幻影。

1923 年，大壮正式成为共产党的一员。

2023 年，冉冉正式向学校递交了入党申请书。

海 哭

2021 级　陈煜仁

　　乌云似条缎带在天边横挂着，海边的风有些凛冽，男人的头发被吹得零散。他不为所动，盯着天边的乌云。海风猛烈地吹着，夕阳缓缓落下，直至黑暗将背影吞没。

　　"你醒啦。"一个有点低沉的男声从旁边传来，李萱躺在床上看着天花板，回了一句："嗯。"那个男人顿了一下说："我知道我在你心中的地位一直比不上他。"

　　李萱无力地回答："清，你别说了好不好？"这时的心率仪出现了一波波的高峰，滴……滴……滴……的声音愈来愈急促。

　　莫清及时地止住了话头："好，我不说了。你记得按时吃药，旁边有削好的水果，想起来就吃点，我走了。"说完后就拿起外套往外边走去，莫清离去的背影看得李萱鼻酸，酸楚在喉咙翻滚，口头勉强地回了一声好，但能够听出来，声音在颤抖。

　　李萱躺在病床上看着，窗外的车流，匆急的行人。莫清离开后，整间病房只剩下李萱一人，耳边回荡着医疗仪器运作声。李萱看着心跳仪的曲线，一起一伏，一起一伏，头脑又开始昏沉，慢慢地睡了过去。

　　"喂！喂！起床啦，别睡了，整天就像猪一样，都在睡觉。"女孩睡眼惺忪地看着男孩，鼓起双颊说："你才是猪，大笨猪！哼！不理你了。"小男孩笑着说："好好好，说不过你，赶紧起床，我们一起去公园玩，趁现在不会热，我在门口等你。"说完，男孩就下楼了。女孩自己洗漱完后，换了一套衣服，然后嗒嗒嗒地跑下楼。她到门口后，看见男孩已经穿好鞋子在等她。男孩看到女孩，就催促她："动作快一点，不然我就自己一个人去玩咯！"女孩着急地回答："你等等我嘛。"女孩的小脚急忙地塞进鞋子，也不管有没有穿好，就跟着男孩一起出了家门。门口的玉兰树，随风沙沙作响，玉兰香与晨风相伴，两人顺着香味向远处的小公园走去，女孩跟男孩一路上边走边玩，距离公园的路似乎不再那么远了。

男孩到达公园后率先向一边的游乐设施跑去，一边大喊："我要玩溜滑梯！不许跟我抢。"

女孩听到后，也着急地跑向游乐设施，说："我们一起玩，不然就剪刀石头布！"

男孩调皮地回应："不管，我就要一个人玩。"说完已经爬上梯子。坐上溜滑梯之后，听到女孩大叫一声，男孩连忙爬出滑梯，看见女孩坐在地上看着擦伤的膝盖，脸上有几滴泪水滑落。男孩赶忙跑去女孩的身边，拿出几张纸巾帮女孩擦眼泪还有处理伤口。

男孩说："你小心一点啊！"边说着边把纸巾盖在伤口上，女孩疼得倒吸一口凉，气说："痛！"然后泪水不争气地流了下来。男孩责备女孩说："谁叫你不小心摔跤了，活该！"

女孩："哼！"就在这拌嘴的时候，男孩已经把伤口处理好了。男孩说："站起来试试看吧。"然后女孩扶着男孩颤颤巍巍地站了起来，跟男孩走到附近的长椅上休息，男孩坐在她的旁边。恰巧有树荫为他们遮阳，阳光通过树叶，点点光斑映照在地上，微风徐徐地吹着，两人就这样坐着。

"李小姐？李小姐？"护士小声地唤着床上的人，李萱悠悠转醒，要做手术了。护士提醒道。李萱嗯了一声，护士帮忙李萱把身上的各种检测仪器端一一取下，然后把李萱扶下床，李萱随着护士一步一步慢慢地走出了房间，门外的灯光让李萱感到些许的不适应，脚步停顿了一下。护士察觉到了身后的异样，正要开口询问的时候，李萱率先开口说："我没事。"护士没多说什么，继续向前走去。走了一段距离，到了电梯门口，李萱看了眼旁边的窗户，窗外是漆黑一片，马路上的路灯像一条巨蛇向远方延伸，偶尔有几台轿车疾驰而过，一切事物看起来都是如此地静谧。

"李小姐，李小姐！"护士喊了李萱几声，李萱这才回过神来，"啊，啊，不好意思。"李萱略带歉意地说道。

李萱看着电梯从八楼一层层地下降到四楼，"叮"的一声电梯门开了，李萱跟着护士走出了电梯，不一会就走到手术准备室。映入李萱眼帘的是病床，许多的病床，但是基本上面都空无一人，只有寥寥几个病人躺在床上准备手术，护士拿了一套手术服还有袋子交给李萱，解释说："这个手术服是手术时要穿的，而那个袋子是装便服的，出门右转到底是洗手间，在里面换完衣服再回来这里就好了。"

李萱照着护士指示到了洗手间，不经意间，她看到镜子中的自己，原本姣好的脸庞，此时显得苍白无血色，因为很少吃东西的缘故，整个人瘦了一圈，颇有骨瘦如柴的样子，手术衣在自己的身上显得宽大，李萱自嘲地笑了笑，回到准备室。

几分钟后，几个护士推着李萱的床，向手术室走去，李萱看着头顶快速掠过的日光灯，最终进到了手术房内，无影灯照得李萱眼睛睁不开，索性就把眼睛给闭上了，麻药不久便生效了。

"老师不是说过，眼睛不要直视太阳吗？"一个少年对一个少女说道，男孩变成了少年，那个女孩也长成了少女，少女面目清秀，在学校里是个受欢迎的人。女孩慵懒地回答："反正眯着眼睛，没什么太大的问题啦！"男孩瞥了她一眼说："快上课了，赶快回教室吧。"女孩看了一眼手表就往教室跑去。

放学后，少女慢慢地走在回家的路上，轻轻地哼着歌，少年少女并肩走着

"我问你，你说我们可能会一直在一起吗？"少女开口问少年。

少年思索了一下："会吧……"

"为什么要犹豫呢？"少女疑惑地问。

少年说："我有点害怕，怕我们不能在一起。"

少女安慰少年："没事的，我们会一直在一起的，拉钩！"

少年看着少女坚定的眼睛，说："好，拉钩！"

嘀……嘀……嘀……嘀……心跳仪规律地发出声音，李萱强撑着昏沉的大脑，张开了眼睛，看了眼四周的环境。仅剩一盏微弱的灯孤独地亮着，窗帘遮不住的强光，告诉李萱外头已是白天，看到整体通白的环境，以及身边比之前还多的医疗器材。一幅照片，被挂在床的对面的墙上，照片里是一片蔚蓝的海，还有一道身影站在沙滩上，白裙被风吹了起来，仿佛还能闻到海风的味道，看见朵朵的浪花。

李萱苦笑地说："你看到了吗？那片海，好像我们一起看过的那片海，连沙丘都很像。"说完后，李萱的脸颊划过泪水，最终坠落到了枕巾上。昏沉感再次袭来，连李萱都有点措手不及，随即被黑暗席卷了进去。

"你跑慢一点。"小女孩大声地向前面奔跑的男孩喊着，男孩听到后把脚步放缓。女孩气喘吁吁地赶上男孩，当她抬头时，眼前出现一整片蓝色的海洋，阳光在海上反射出了鱼鳞一般的银光。男孩边喘边说："你看，漂亮吧！我以后想要在这里盖栋很大很大的房子，我想看海的时候就能看到了！"

小女孩兴奋地说："好啊，好啊，那我们就住在一起，跟爸爸妈妈一起！"

男孩摸了摸女孩的头，笑着说："好。"两个人坐在沙丘上，依偎在一起看起起落落的浪花，偶尔划过天际的海鸥。

看了一会儿后，小男孩推了推快睡着的女孩，"我们回去吧，不然到时候又要挨骂了。"女孩被拉了起来，最后依依不舍地下了沙丘，往回家的路途走去。

"李萱，李萱，你快醒来啊！"莫清哭着对李萱喊道。

"先生，请不要太剧烈地摇动病人"，站在旁边的护士提醒莫清。

突然，李萱的手抖了一下，睁开眼呆滞了一下，缓缓地把头转向莫清，李萱勉强地抬起手，帮莫清抹了眼泪，用虚弱的声音说："清，谢谢你，自从我爸妈出事之后，你不在意我的病情，跟我在一起，很谢谢你，真的。"说到这里，眼泪夺眶而出，顺着氧气面罩滑下，面罩内的蒸汽，出现得越来越频繁，似乎有种动作要出现，但是又碍于身体状况，无法实现，只能凝结成几缕飘忽的话语从李萱的口中说出："我现在想好好的，休息一下，好不好？"

莫清听到后，心头一阵绞痛，那张曾令许多人称羡的脸庞，现在变得苍白又瘦弱，双颊已经陷了下去，双眼带着明显的黑眼圈。莫清勉强地说出："好。"他恋恋不舍地离开病房。

莫清失魂落魄地回到家中，看着家里的一切，似乎每一个地方都有李萱的身影。他坐在沙发上，无望地看着天花板，慢慢地睡着了。他做了一个梦，梦到李萱的病情好转，顺利地出院了，然后带着莫清去看她常说的那片海，果然，就像她说的那样，很美。

李萱艰难地从昏睡中转醒，如果不是听到心率仪的声音，她甚至觉得自己已经死了，然后，她看到一个很熟悉的身影，出现在病房里了。"哥……"李萱虚弱地喊道，那道身影像是听到了一般，回头看了一眼李萱，但是很快就消失不见了。

泪水无声地滑落，李萱此时像是已经没有了灵魂一般，就像一段枯木，躺在床上。李萱无力地看着天花板。若是更早的时候，李萱会在床上大哭着，为什么厄运会只"眷顾"她一人。但现在的她连大声哭喊的力气都没有，仿佛被狠狠地掐住了脖子，只能不断地抽泣，哽咽。

李萱只剩下 30 天了。

对莫清来说，这 30 天无疑是个凌迟的过程，尽管希望渺茫但还是希望李萱病情好转，一方面却希望这段时间赶紧结束，两端的拉扯中，这一个月，他多次梦到神似的场景，看见李萱康复后他们在一起的时光，醒来后却一次次地被现实泼冷水，不得不接受一个他爱得入骨的女生，将要被剔除在他的人生外，变成回忆中的流光。

最后一刻，李萱躺在病床上，身旁只剩下呼吸机以及心率仪，依旧是洁白的房间，此时的心率仪起伏像是海浪一样，一起一伏，一高一低，最终浪平了。

莫清在整理李萱的遗物的时候，无意间看到一本某家精神病院的病历本，已经旧得泛黄，上面布满灰尘，翻开之后有着女孩的个人资料，里面的李萱还是个少女的模样，她的个人资料里的家庭成员那一列，写着：爸爸、妈妈、哥哥、我。在翻看病历本的时候，看到里面夹着一张画，上面画着一栋在海边的房子。

乌云似条缎带在天边横挂着，海边的风有些凛冽，海浪起落的声音，像是悲恸，也像是哀嚎。男人的头发被吹得凌乱，却不为所动，依旧看着天边的乌云。男人的喃喃自语，被海风吞下。夕阳缓缓落下，直至黑暗将那道背影吞没。

梦

2022级 邓 欣

他醒了。

但是，他觉得自己像是做了一场很久的梦，这场梦耗费了他很多精力，以至于醒来竟觉得有些疲惫。

他睁开双眼，却被眼前的一切吓到：这分明不是他的家！这不是他的房子！这不是他的卧室！他发现周围的一切都发生细微却又真实的变化。头顶的天花板已经不再是之前那个普通的天花板了，它过于光滑，过于完美，泛出诡异的光泽，像是一块巨大的LED屏；周围的墙壁也是如此，脱离了普通建筑的范畴，像是一大块玻璃。墙上的窗户像是用投影投出来的，窗帘也似乎被什么力量操纵，进行极其有规律的摆动。至于卧室门，好像只有它才是真实的。不过不知道是不是因为看不清，所以才显得真实……他蒙了，不知所措，想起他20多岁时看的那部电影——《盗梦空间》。这一定不是现实吧，他应该像主人公一样，活在梦里。此时此刻，他把这个荒谬的想法当成救命稻草，这一定不是真的……他想到电影里面的主人公可以用陀螺来判断自己是否处于梦境。可惜他没有陀螺，也没有其他东西。看来只能用最原始的方法了：用力掐自己一把，看看疼不疼。

他准备下手，这时耳边传来一阵冰冷、克制、陌生的声音："请停止伤害您自己身体的行为，请停止伤害您自己身体的行为……"他不自觉停下脚步，眼神比刚刚更添几分恐惧：还有陌生人藏在自己房间里面吗？为什么会有声音？是自己幻听了吗？他像一头受惊的动物，警惕地望向四周，却发现还是刚刚的那些东西。他是谁？他在哪？他想干什么？如今，他觉得自己落入了"人为刀俎，我为鱼肉"的境地。

声音继续响起："尊敬的主人，您的睡眠时间已满 8 小时，请您下床洗漱，准备吃早餐。今天的早餐有……"什么？这是什么玩意儿？连自己睡觉的时间都要管？他觉得这太荒谬了，不禁笑了出来。这绝对是一场梦！他忍不住在想，这怎么感觉有点熟悉呢？他说不上来。

"继续睡觉吧，反正我也没有事做。"他作势躺下，耳边的声音再度响起："尊敬的主人，您的睡眠时间已满 8 小时，请您下床洗漱，准备吃早餐。今天的早餐有……"只不过，这次还多了一句话："如果您坚持继续入睡，那么系统将会采取强制措施。""强制措施？俗话说：'睡觉大过天！'"他不理会，还是想继续躺下。就在这时，他发现自己床的两边伸出无数的触手，毫无感情地依附在他的身体上，一股强大的力量在驱使他的身体离开床垫。他试着忤逆这股力量，却发现根本做不到。他怀着愤怒、恐惧的心情朝四周大吼："你是谁？你在哪里？是谁派你来的？你到底想干什么？"那个声音又出现了："尊敬的主人，我是您的智慧服务管家，您可以叫我 V。我负责每天监测您的身体各项指标数据，并为您准备一日三餐的饮食，提醒您……""够了，你快滚吧！我身体健康着呢，不需要什么管家。你快滚吧，我一个人就可以了！""对不起，主人。我不能放弃我的职责，请您配合。"

"行，你不走是吧，我走！惹不起还躲不起吗？"说着，他三步并作两步地往门的方向跑去。当他的手触碰到门时，他发现这个门不是真实的门。它只是一个装饰品，一个极其逼真的装饰品。

他崩溃了。"做梦罢了，做梦罢了，年纪大了，梦多，也很正常。"他像是在念紧箍咒一般，疯狂给自己洗脑。他又想用力掐自己的手臂，却又听到那股声音："请停止伤害您自己身体的行为，请停止伤害您自己身体的行为……"他决定无视，就在手指即将触碰到肌肤的同时，他只感觉到一股说不上来的味道袭击他的鼻腔。很快，他的意识渐渐模糊起来。

再醒来时，他发现自己还是在刚刚那个诡异的房间里。"这不会是真的吧？"他的四肢因紧张而逐渐变得冰冷。这时，他感觉房间的温度在不断上升，好像在努力让他变得温暖。经过刚才这段时间，他慢慢改变了想法。唉，算了。打不过就加入战斗嘛。如果是现实，那就当深入敌后，伺机出逃。如果是做梦，那也没什么大不了的。他努力使自己平静下来，对空旷的四周说："喂，那什么管家，什么 V，你不是说什么洗漱、吃早餐吗？这些东西在哪呢？"声音出现了："好的，尊敬的主人。您稍等片刻。"只见他面前地板的瓷砖缓缓落下，一个洗漱台缓缓升起。在洗漱台上面，放着挤好牙膏的牙刷、一杯装有水的漱口杯和一条柔软无比、叠得有棱有角的毛巾，旁边则是一盆氤氲着水蒸气的温水。而洗漱台上的镜子则照着他略带憔悴和震惊无比却又强作镇定的眼睛。他开始刷牙、洗漱，牙膏的味道和他平日用的如出一辙，毛巾的手感也和他常用的那一条一模一样。洗漱完后，洗漱台又自动落下。除了他脸上残存的水珠，根本看不出洗漱台存在过的痕迹。

然后，他又看到自己的床在慢慢下沉，直到与地板融为一体。随后，一张饭桌徐徐升了上来。上面摆着一杯牛奶、一份三明治、一碗蔬菜沙拉。他皱了皱眉："能换点别的东西吗？我不喜欢吃这些。我要吃豆浆和油条。"V一副公事公办的样子："不好意思，尊敬的主人。油条含有的油脂太高，不适合您目前的身体状态。牛奶比豆浆更适合您。这份早餐是针对您的身体条件精心设置的……"听完这一番话，他知道自己是必须得吃这顿早餐了。算了，忍吧。他无奈地走过去，坐下，开始吃了起来。老实说，味道还过得去。但是，他还是怀念自己之前吃的豆浆油条。不过如果这是一场梦的话，也不算太差，起码还过得去。他觉得自己现在有点分不清自己到底身在何处。梦里？现实世界里？他彻底蒙了，只希望夜晚快点降临，让他再次入睡，说不定可以结束这荒诞的一切……

吃完这顿不合心意却也不算太糟的早餐，桌子迅速退下。前面升起一块屏幕。V的声音再次响起："尊敬的主人，1小时后您将要进行太极拳锻炼。衣服已经为您准备好了，时间一到您就可以换上。在此之前，您可以做任何您喜欢的事情。""为什么这里会多一块屏幕？"他不解地问。"主人，这块屏幕是方便您打太极拳的时候用的。它可以成为一面镜子，也可以播放相关的音频，方便您矫正动作。""但是我不喜欢打什么太极拳，我只想好好休息一下。""生命在于运动，主人。这是为了您的健康着想，是为了您好。"

这必须得是一场梦啊。他不禁痛苦地闭上双眼。如果现实就是如此，那么他和囚犯有什么区别。

他走到所谓的窗户边坐下。外面阳光很灿烂，照在他的脸上，像是被人抚摸了一般，但这始终和真实的阳光有细微的区别。外面树梢的那只小鸟似乎在不知疲倦地从榕树飞向草丛，又从草丛飞向榕树，像是在画一个无穷号。他看得入迷了，不知时间正在流逝。"尊敬的主人，时间已经到了，您该锻炼了。"

他试图讨价还价："我真的不会打太极，而且我也不想学，这东西对我没什么用啊！"V的声音不掺杂任何一丝感情："主人，您必须得打太极，这是为了您好。"一番拉扯，毫无效果，他只好认命服输，换上准备好的衣服，去打太极。诚然，他确实不适合这项运动。没过一会儿，他就想放弃了。"虽然我不知道你在哪里，但是你也看到了吧，我确实不适合你。""主人，您需要毅力，这是为了您好。"

他生气了。"为了我好，为了我好，整天就是为了我好。如果你真的是为了我好，那你就不应该这样，你就应该放过我。"V 的声音一如既往："尊敬的主人，请您谅解，这是为了您好。"沟通宣告失败。

好不容易结束了，于是他便开始吃午饭、睡午觉。他只睡了半小时午觉，因为他只能睡半小时。时间到了之后，他就像早上一样被强制起床了。V 的声音像幽灵一样飘浮在房间上空："尊敬的主人，为了维持您的语言交流能力，每天下午您必须和我进行一个小时的对话。"荒谬，实在是荒谬至极。他冷笑道："难道今天上午你说得还不够多吗？""尊敬的主人，请您谅解，这是为了您好。"他不想再听到这句令人窒息的"这是为了您好"。"真是一场噩梦啊！"他很无奈地说。

"那我们聊什么呢？""什么都行，只要我能够回答得出来。"他突然很好奇 V 对自己的了解程度，于是便问道："既然你这么了解我，那不如聊一下你对我的了解吧。"他原以为 V 听到这个问题会出现错愕或者什么反应，但他并没有。他用一副公事公办的语气说："您的名字是×××，年龄 70 岁，您的妻子在您 30 岁时发生车祸不幸遇难，您独自一人抚养您的儿子……"当他听到"儿子"这个词时，他愣了。与其说他已经快忘记他还有一个儿子了，不如说儿子已经把他抛弃了。

他回想起当年妻子去世时，儿子只有 1 岁。自此之后，他和儿子相依为命。他是一位严父，从小对儿子管得很紧，以防他走弯路。同时，他给儿子报了许多辅导班，希望他成为人中龙凤。毕竟，他是儿子在这个世界上最亲密的人了，他要为他好，不能对不起亡妻。后来，儿子长大了。他不求儿子每天无微不至地照顾他，只希望他可以时不时来探望他。可是，儿子却没有回来了。他曾非常愤怒地打电话质问他为什么要这样做，儿子的回答是："这十几年来，待在这个家里，我觉得像是在坐牢。"他听了之后大发雷霆，决定与儿子断绝父子关系。从那之后，他便独自生活至今。直到某天他昏倒在家，邻居发现不妥，急忙打 120 送他到医院。

在医院里醒来的时候，他看到了自己儿子在床边守着。二人都很尴尬，不知道该说些什么。后来还是他先开的口："你怎么来了？"儿子说："爸，之前是我错了。我不应该说那些话的。我知道，你是为了我好。跟我一起住吧。""算了，你们年轻人有你们年轻人的世界，我还是自己住吧。"说完，又陷入了沉默。

从医院出来后，他还是坚持自己一个人居住。只不过儿子来看望他的次数变多了。父子俩虽然话不多，但是有亲人在侧还是让他的内心好受不少，起码有人能跟自己聊聊天、解解闷。

然后，然后就到了现在。

他突然冒出一身冷汗。自己的记忆似乎被人修改过了。他回忆起刚刚的那些事情时，总感觉有哪儿不太对劲，但是又说不出个所以然来。他努力回想，却也只能想到这些。他问 V："你知道我儿子电话号码吗？""您儿子的电话号码是……"这和他记忆里的电话号码是一样的。他四处寻找手机或者其他通信工具，但是一无所获。他说道："我想给我儿子打个电话。"他发现面前的那堵墙变成一块巨型手机屏幕，显示正在拨号。他静静地等待着，等待有另一个人告诉他答案，或者说，等待梦醒的时刻。这时，一阵女声出现了："您拨打的用户正在通话中，请稍后再拨……"电话，没有被接通。

他觉得自己身处一片混乱之中，他所熟知的一切似乎都被抹去了。他没有朋友、没有亲人，只有自己的儿子。但是，这根救命稻草也似乎没有了。

他在这片混乱中越陷越深，浑浑噩噩地吃完晚餐，然后睡觉。他睡得很沉很沉，像是失去了意识。

不知道过了多久，他醒了。眼前的一切都是熟悉的：熟悉的天花板、熟悉的墙、熟悉的门、熟悉的窗户。他说不清为什么这么熟悉。但总之，这不是假的。他迟疑了一会儿，用力掐自己一下。力气过大，他疼得叫了出来。"怎么了？"他看见儿子急匆匆地跑来，手里拿着一个削好的苹果。"没事。"他的心随着苹果的气味渐渐安定下来，尽管他并不喜欢吃苹果。"爸，吃个苹果吧。医生说，这对你身体好。""奇怪，"他自言自语，"这好像在哪里听过。"但是他想不起来了。"你在说什么呀？爸。""不，没什么。"明明这都是熟悉的情景，但是他却有落泪的冲动。"也许是做了什么噩梦吧……"

他接过苹果，咬了一口。

LED 屏的画面静止了下来。一个男人站在屏幕前看着眼前的一切，似乎开始和周围的空气说起话来："看来我爸今天的状态还不错。" V 的声音响起："不过，您的父亲还是不太能够适应这套系统，他需要用梦境来缓解精神压力。""他总会习惯的，这都是为了他好。有哪几个老人能够像他一样得到这么悉心的照顾呢。"他微笑道。

这是他公司针对当前养老情况设计的一款产品，只要安装这套设备，足不出户，无需子女就可以满足老人的各种需求，检查老人的各项指标，甚至可以修改记忆、操纵梦境。这既可以给老人家带来更加舒适的晚年生活，更重要的是，还方便儿女们远程尽孝。他把自己的父亲作为第一个试验品，不，应该是把自己的父亲作为第一位体验的用户。毕竟，这可是为了他好，一如他小时候对他的态度一样。这有什么坏处呢？都是为他好罢了。

每天，他都会把这些数据传送给他的投资者们。当然，在这过程中，他

77

自然会美化一下自己。这些堪称完美的数据俘获了他们的心，其中一个还在赞许："孝子无匮，永赐尔类。"听着这些赞许，看着账户的金额水涨船高，他微笑了起来。

V 的声音又出现了："请问这个梦境可以结束了吗？已经快到时间了。"

"算了，再延长一会儿吧。"

屏幕里，他已经把苹果吃完了。把手擦干净后，伸手把门打开。他精神显然很好，毕竟没有 V 什么的，过往的一切、和儿子的相处记忆也都无误。"原来，那只是一场梦罢了。"他如释重负。

只是一场梦罢了。

我和我的世界

礜 石 山

2021 级 李 彬

往高处爬，往远处走，越高的地方有愈奇的景致，越远的地方有愈美的风光。人们总是这样想着，架着长枪大炮，全副行囊而不畏艰辛，只为窥探传说中的神秘。殊不知，最美的景色其实就在身边。

这是我数不清第几次的探寻，这座海拔不到二百米的小山就坐落在家的对岸，隔着一片一眼望得到尽头的海，山在海雾间若隐若现。它有一个复杂的名字，家乡话唤作"角石山"。复杂之意在于"角"字，又作"礜"字，依古语云——山多大石，疾风击水，击石成声。这不禁让我对它敬佩起来，这座甚至不能称作丘陵的小山竟有如此气派的名字，以致即使隔着一片平静的海，雾却难隐山的光芒，牵动着我的肉体与灵魂，一次又一次，踏船渡海上山去。

需要渡过的这片蓝色水域，也依着它的名字叫作礜石海。人们来到这片海，却总留恋对岸的那座山。于是，渡船出现了，渡船上的人也出现了，雾散开了。约莫二十分钟，汽笛的声音便从海的这头传到山的那头。站在渡船的栏杆边，山体的轮廓愈来愈清晰，就像赴一场山海雅宴，江湖邀约。礜石啊，我的友人已经立足岸边，风在高歌呼唱它的热切，来客已经按捺不住他的心跳。

停船，靠岸，鱼贯而出，鱼贯而入。作别对岸灯火繁浮，匆匆躲进夜色庇护。来时已想过，无非借落日的余晖或是手电的微光，总是能上山去的，即便步步摸黑，尚且有风声引路。但当我真真切切立足于山脚下时，一切设想皆成空想，或者说另一种极端。因为眼前的光景，我一辈子都不会忘记，偌大的山躯，处处亮堂，成片的金光散射四隅，照亮山上的通路，一时用不着月了。

拾阶而起，步步平云，能望见密林。取道石缝，走高走低，却不见人群。石头是胡乱叠起来的，各成样貌。两石相逼，一条狭长的走道就显现了，恍若通往桃源的山口，尽处闪现白光。林木是随意生长的，遂成遒劲。草木相依，一片乘凉的荫地就浮现了，恍若王维纵琴的夜晚，明月自来相照。涉身之处，只有我和礜石山的对望，望见它的层峦叠嶂、奇石怪峭，望见我的眼送秋波、含情脉脉。原来，镜头装不下的惊艳，眼睛可以。

我的眼睛盛满爱意。

恭敬而谦卑，我为偷走它的多少美丽而暗暗有愧，却止不住自己的脚步，一直地往前走，一直向上爬。"料峭春风吹酒醒，微冷，山头斜照却相迎。"只是来客无有饮酒，山头乌有斜阳，有的只是被凉风拂去的倦意，落月斜照着的清丽。苏轼在沙湖道上赶路，而我在礜石道上前行。不敢说能有他的几分洒脱，毕竟我轻薄如纸的人生还未有那样的重负。只是偶尔，在这夜的静谧里，有风带走我的苦意，有山支撑我的前行。

于是，我不再臆想可有可无的得失，只顾穿行于山林草野之间。后半夜的月亮愈发圆满了，一定是它盗走了山上的一点星光，越发有咸蛋黄的味道。月光洒在哪一块巨石上，石刻的碑文便自然而然地浮现于眼前了——百载商埠，楼船万国，记述鸵城昔时气派；海纳三江，气吞百粤，写照礜石地纬风光。谁曾想，在月的清辉下，这些辉煌的文字却只能独自落寞，无人品鉴，唯草木依依。

又在思索着什么？

走进巨石下面，在石凳上坐下，小小歇息一番。片刻，便觉脊背顿生凉意，汗毛立起。石凳冰冷，虫鸣四起，月光不再前移，晚风不再呼吸。倒挂的藤蔓被风扬起，片刻，垂下，重重地击打岩石，发出梆梆的声音。石穴下的幽静，自成一处无形的景观。招引来客卸下登山的疲惫，为他奉上一份礜石的幽静。幽静包裹幽境，幽境渲染幽静。这般的幽静白日不可感触，借着夜的安宁浸润周身四体。

待腿酸渐退，稍整行装，准备下一程。在石檐下探头，眼望明月高挂，再无其他。踩碎月的影子，想要追着它到天边。月却躲闪着，潜到山尖的亭子，不出来了。眼神一定，我望见漆黑的天幕上，亭檐四角高高翘起，挂着霓虹的绚烂，撕破暗沉的夜空。于是暗下决心，势要登顶塔峰，却又怕月儿知晓，落脚每步小心翼翼。

我潜伏着身子，树叶为我掩护，巨石容我藏身，生怕被月儿照见。两人心照不宣地躲躲藏藏，又互相试探。一会儿是我悄悄窥探，一会儿是它升高巡望。我窥见月的影子绕着亭檐四转，按着身子随林木起伏。月窥见我的影子从石缝穿出，换着角度猜我藏匿何处。一来一回之间，不知是月抓到了我，还是我找到了月。

从平台登顶，来到巨石山巅。

山回路转，有亭翼然立于石上者，飘然亭也。树隙月影，牌匾斑驳，瞻仰者无数。月引着我来到这座亭子，在这里俯望山野一切。原来月亮的视角何其广阔，顿觉自己孤身渺小。远处是四下通明的城区，近处是泛着波光的大海，山底下楼群林立，有学子夜读。风又吹起我的衣襟，欲要乘风远行。

不禁又想起那位拍桨放歌的豪客，飘然独立，羽化登仙。不登高，不望远，泛舟江上，竟也会有这般奇想！而我又一次上演千百年来重复不断的凭栏远望，没有什么拍案叫绝的奇想，更没有什么感天动地的志向。任思绪凌乱在飘然亭上，在礌石山上，随风吹向山间田野，随月洒向码头街边。

山上的灯灭了，月亮钻到云层里去了，谁都快要入寝休息。我乘索道飞到山底，双脚放空，今夜的一切在眼前重现，如影片逐帧播放。

我回头一望，山石草木，生花妙笔，依然静静地立于礌石某处，等待又一个无心的来客，为之心头一震。

礌石之美甚矣。

狮向远方

2022 级　叶丞汝

龙育从车上下来的时候，胃里的食物几乎要涌出来。本来不晕车的他，居然在进金狮村时，被颠簸的山路弄得天旋地转。他强忍着，没让自己在几个村民好奇的打量里吐出来，然后费力地拉着自己的行李，向她们扯出一个勉强的微笑。"阿姐，村委会怎么走呀？"他向一个正在缝衣服的妇女打听道。"你沿着这条路笔直走，见到贴着瓷砖的那户右拐，一直到头就是了。"那妇女快速地抬了一下头，看了他一眼回答道。龙育只能继续朝着那贴着瓷砖的墙走，好不容易走到拐弯处，不料自己还没拐弯，握在手里的手机就被一个光着上身的小伙子撞飞了。那手机在沙尘里滑了几米，撞到那长满青苔的墙才骤停下来，但那火急火燎的小伙子没有停下，反而露出挑衅般的笑。等龙育反应过来时，他已经轻松起跳翻过红墙，留下泛起的一阵黄沙。龙育无奈地捡起手机，庆幸它没有在这个前不着村、后不着店的地方坏掉。

眼看快要到饭点，为了不打扰干部吃饭，他加快了步伐。沿途的风景反倒是逐渐舒缓了刚刚的不快：金狮村靠山面水，那宽阔的河流淌过村庄，滋养了村民们的种子，孕育出一大片金黄的麦子，那麦子就像金色的绸缎，系在山陵的脖子上，给它们增添儒雅又高贵的气质。再来说说绵延大片的山，它们起伏有致，好像交响乐的节奏，在连续紧密之后又接续了两个舒缓的音符，张弛有度。和山陵交相辉映的，是金狮村里一匹匹扎染的布，它们挂在每家的小院里，随着微风翩翩起舞，那挂起来的布就是一个个灌满颜料的木桶，经过染、晒、晾的步骤，一张色彩鲜艳的布就做出来了。

欣赏着自然与村庄的风景，龙育终于到了村委大院，他探头进门，试探性地问了两声你好，金狮村的村主任捧着自己的茶杯就走出来了。还没等龙育自我介绍，村主任就冷不丁地来一句："你是支教来的吧？"愣了一下，龙育连忙说："是的，我叫龙……""就你一个？""对，上头也没让我和其他人一起来。"本想自我介绍，却被村主任直接打断，龙育赌气地说。"得，你住学校里边儿那瓦房，厕所师生共用。咱这没啥好条件，谁都一样，前两个支教的受不了就走了。"村主任不理会他的赌气，自顾自地说，好像在给龙育说你来不来都一样。

  跟着村主任，龙育终于到了这村唯一的一所学校。和他想象的学校没什么不同，就是一座兼容各个年级学生的教学楼和一块没有沥青的操场。今天不是上学日，所以破旧的教学楼里也没有孩子打闹的声音。村主任领他进了宿舍，然后客气地留下一句"有需要找我"就走了。他放下行李，绕着学校操场走了一圈，在堆满竹条的仓库里扒拉两下又回到宿舍收拾。山里黑了之后，宿舍也罩上黑幕，只有一盏小灯把光洒在靠窗的那张木桌上。他列出明天上课的课程大纲，内心演练了无数次自我介绍，然后在点点星光下睡着。

  太阳还只露出半个头，龙育就醒了，他不知道自己睡了多长时间，但因为紧张而没有感受到太多倦意。他把自己拾掇干净，拿着自己的备课本就走到课室。满怀期望的他没有看到一双双求知若渴的眼睛，只有稀拉几个孩子准时到了课室，他突然又想到自己走过的那些蜿蜒的山路，心想着再等一等。又过了近一小时，课室被填得差不多，他开始自我介绍。他把"龙育"两个字写到了黑板的中间，用高昂的语气和同学们介绍着自己，希望拉近与学生的距离。在说完"希望接下来我们可以一起进步"之后，整个课室鸦雀无声，寂静的环境让龙育在讲台上十分尴尬，原先设定的课程流程似乎难以进行。打破这一寂静的是走廊的骚动。村主任赶着两个头发凌乱、衣冠不整的孩子，把他们带到了班级门口，呵斥道："抓了你们几遍了？还把翻墙当游戏玩，我看你们不好好学习，以后干什么！"说完校长把他们推进课室就走了。龙育一眼认出那个又高又瘦的小伙，他和另一个孩子在门口嗤笑着校长，又漫不经心地打量着这个新来的老师，然后轻佻地说了句："诶？你新来的？"龙育向他们微笑，重新做了简单的自我介绍："两位同学你们好，我是龙育老师，是新来的支教老师，以后由我来担任咱班的数学老师。"可谁知，这两位学生竟当众说道："什么时候走？又想把我们当跳板吧？还龙老师呢，我看是聋子。"说完，整个课堂传出一阵爆笑。龙育低估了两个小伙的影响力，原先鸦雀无声的班级因为他们的到来变得气氛热烈，讲台下发出一阵阵嘲笑与议论。这些声音就像一个个巴掌，热辣辣地打在龙育的脸上，让他下不来台。他的脸上渗出许多汗珠，衬衫也被汗水浸湿，他很想维护课堂秩序，但他每说一句话就引来更大的嘲笑声。不知道过了多久，早上的下课铃终于打响，他努力保持镇定，向同学鞠了一躬拿起笔记本就走了。

回到宿舍躺在床上，他许久没能缓过神来。早上发生的一切好像有意在重播，一遍一遍地让他难堪，他似乎理解前两任支教老师，也怀疑自己到底能不能完成任务。终于等到操场安静，孩子们都回家了，他才敢迈出那个小瓦房。龙育在心浮气躁的时候，会练习醒狮舞步，让自己变成那只鲜活生动的狮子，把烦躁的情绪转变为轻快鲜活的生命力。他迎着落日的余晖，脚下踩着那片洒满落日金光的土地，轻盈地跳起了醒狮舞步。四平八稳中求变，弓步坚实有力，倒插步灵活轻盈。在这些舞步里，龙育忘了时间，忘了不快，全身心地投入到自己的世界里。直到太阳完全消失在天际里，他才停下脚步。

在往后的三天，没有两个小伙的班级依然保持着出奇的安静，班级环境虽然不积极，却维持着一种出奇的平衡与和谐——老师和学生都不用费很大力气互相磨合。直到周五的早上，这种平衡才被两个小伙打破。"你就只剩个瞎子奶奶！"两人的矛盾在言语冲突中升级，演变为一场激烈的肢体冲突。那个瘦弱小伙抄起椅子就想往另一个男孩的头上砸，可却不敌他力气十足，椅子被重重地砸在地上。瘦小伙眼看不敌对手，便噌的一下跳上了课室的书柜，占据了地理优势，并且在书柜上露出他挑衅的笑容。他对手一下就被激怒，从下面不断找家伙砸他。课室巨大的动静引来了校长，龙育和校长一同拉住他们，并且把他们拉去校长室检讨。

两人交代完事情的起因，就先后回家了。龙育留了下来，询问校长二人的背景情况。校长告诉他："瘦的那个叫阿飞，和他生活的只有一个眼神不好的老奶奶。奶奶前几年还能靠缝缝补补过日子，但这两年不行了，什么都看不清，但凡见到个人影都问是不是阿飞。""那阿飞爸妈呢？""他们早些年说去大城市打拼，赚钱补贴家里，但几乎不回来。所以阿飞也总想带奶奶出去，治好眼睛找爸妈。喏，你看吧，傍晚他会跑到山顶什么也不做，看着远处就是发呆。""阿飞住哪？""村委会隔壁那间一层瓦房，门口有两个扎染桶。壮的那个叫阿远，爸妈不在了，阿飞奶奶心疼他，总是多添双筷子。"

从校长室出来之后，龙育没有直接回宿舍，他朝后山走去。后山的路不算陡峭，却也不好走，龙育费力地抓着竹竿，一路往上爬，终于见到了那个瘦小伙的背影。他唤了一声"阿飞"。阿飞迟疑了一会，随即转过头，见到是那新来的支教老师，又把头转回去，没有起身的意思。龙育朝他走去，坐在他旁边，自言自语地说道，果然，山顶就是看得远。"你想出去看看吗？"他忽然转向阿飞，问道。"想。"阿飞短促地回答，"但，我不知道该怎么走。"和早上那幅嚣张模样截然不同。阿飞说完这句话，眼里布满迷雾，脸上的表情只剩下呆滞。

龙育不想对着迷茫的少年说教，他只说了句："要是你给自己一个机会，明天下课和阿远一起，到操场等我。"两人一同下山，快到阿飞家时，一个熟悉的身影挑着菜进去了。是阿远。"得了，好兄弟有问题好好解决，有话好好说。"龙育拍了拍阿飞的肩，然后微笑离开。

终于又到了放学时间，龙育特地换上自己的练功服，在操场上又练起了自己的舞步。阿远和阿飞在一旁看着，直至一整套舞步结束，龙育对着他们做了个五湖四海礼，他们才缓过神来。龙育观察到阿飞灵活的身手，以及他非凡的跳跃能力，认为他是做狮头的好苗子，加上阿远强大的臂力，两人如同手足般的默契，更是在舞狮的领域有着他人无可比拟的潜力。龙育对他们说："人总得有吃饭的本领才能饿不死，现在我发现你俩在身体运动方面的本领还大着呢，小伙子，尝试一下吧？"凌厉帅气的表演让阿飞和阿远的心底里生出了从未有过的佩服，他们一改对这个支教老师的看法，随即表示愿意与他学醒狮。

就这样，他们开始了第一次训练。少年健壮的身体和灵活的头脑很快就帮助他们入门。阿飞轻盈飘逸，脚尖点在地上激起一片片尘土；阿远健壮坚实，稳健的步伐掷地有声。三人在操场上忘我地练习，直至完全没有光照才反应要归家。他们很快就能进行双人动作，阿远马步一扎，双手随着阿飞的起跳就能把他举过头顶，并且二人的配合相当默契，舞步相当一致，前进时左右同频，脚步声在操场上回响，小跳时轻重得当，狮子灵活可爱的特点被演绎得淋漓尽致。二人飞速的进步也需要更多的道具来配合，单单模拟样子是不够的。龙育想到了学校仓库的竹条，于是每天结束训练后，龙育就在自己的宿舍里扎作，按照自己的记忆把狮头的大致框架扎出来。又过了一周，一个竹筐就套在了阿飞的头上，果然，这下训练更生动了，阿飞和阿远对醒狮的理解更加深入。

这天傍晚，村干部提着一袋子布上了学校。龙育以为村主任找他有事，赶忙停下了训练，谁知村主任一扬手，让俩孩子继续训练，却把龙育拉到了一旁。他打开袋子，翻了一下几条金黄色的布，然后单刀直入地说："这里有四条布，不够和我说。不能亏了孩子们的训练。"然后拍了拍龙育的手臂就转身要走。那个冷漠、不近人情的村主任在此刻留下了炽热的帮助与无声的爱，龙育欣喜地对着他的背影道谢，赶忙回去把狮身和狮头拼接在一起。此后，一头金黄色的狮子在操场上翩翩起舞。

眼看阿飞和阿远的训练越来越纯熟，龙育又借了几个扎染盆作为鼓，来配合鼓乐进行训练。鼓槌落，狮头起。咚——咚咚——咚咚咚！跟着快慢不一的鼓声，狮子在操场上灵活地转变自己的舞步，慢处露出好奇试探的神色，将狮子探索的姿态展现出来；快处露出勇猛灵活的姿态，将狮子一往无前的、无畏艰险的精神显露出来。披着狮身的少年们用绰约的身姿展现出少年风华，把青年的叛逆、热血全部熔铸在这头狮子里。

阿飞躺在半山上，眼里凝望着脚下的河水，突然一只狮子升腾起来，朝着他冲过来，摇头摆尾地示意他跟着走。阿飞缓缓站起，发现自己也升腾在河水的上方，跟随着这匹陌生的狮子飞出金狮村，进到了繁华的城镇里。"我们一起到镇上表演！我说真的，到镇上去！"阿远拍着他的手臂，摇着刚坐起来的阿飞说。"我做梦呢？"阿飞小声嘀咕，但阿远的拍打却让他生疼。"镇上，镇上！是有很多汽车的地方吗？是很热闹的地方吗？是我爸爸妈妈在的地方吗？"阿飞很疑惑，但他发问的语气一声比一声强。"龙老师带我们去镇上表演，我这么大第一次出去呢！"阿远继续说道。"我的梦成真了，真的有一头狮子驮着我出去了！"阿飞的呐喊回荡在山里。

周一一早，龙老师带着两个少年出发进城。村民们一早就站在路口欢送，一声声的祝福把他们送到了村外。一路上，阿远和阿飞无言，贪婪地看着窗外的风景，三个小时的路程不知不觉在观光中走完，他们在一所技术学校门口下了车。崭新的沥青操场、一个个训练的高桩还有五颜六色的狮头，都震撼了两个少年。他们穿着破洞的布鞋走上操场，无措的他们说不出一句话。龙育说："镇上有更好的条件，更好的师资教舞狮，你们要是能够得到专业的指点，一定有所作为。"提前联系好的校长也出来接见他们。校长召集了班主任和几个老师，让他们评估一下阿飞和阿远的水平，再决定是否录取。阿飞和阿远戴起了一只红色的狮子，一开始他们就被局促与不安打乱了节奏，步伐少有的混乱，阿远也没法在阿飞跳起来的时候把他举起。见事态不妙，龙育赶忙打断他们，鼓励说："不用紧张，在金狮村怎么练，在这里就怎么演。没有什么不同的，不要当成是一项考核，而是一次展现自己的机会。"稍作调整，二人重新开始展示。很显然，他们的状态已经回归正轨，他们把自己这么多天学到的技巧通通展现在老师面前，直到鼓声停止，才气喘吁吁地停下。汗水浸湿了少年们的背，他们恋恋不舍地把狮头放下，然后重新站到老师们的面前。

老师们小声地讨论，但等待点评的时间让他们的心弦紧绷。他们期待着在城镇过上不一样的生活，但巨大的反差让他们局促。窸窸窣窣的讨论声终于停下了，校长露出了慈祥的微笑，朝他们点了点头。龙育赶忙上前，握住校长的手，表示自己的感谢。这是他送出去的第一批学生，阿飞和阿远，终于踏上了自己向往的远方的路。后来的几年，阿飞和阿远的狮队名扬四海，他们不仅走出了金狮村,还走出了省、国。但无论在哪里表演,他们都忘不了是狮子带他们出来的。

多年后,有两位教师回到了金狮村支教,他们的行李中有一个红色的狮头。

"同学们好,我叫许飞。"

"同学们好,我叫路远。我们是新来的支教老师。"

遮天蔽日的本子

2022 级　黎颖欣

那是我难得一次去旅行。家里经济拮据，平时又繁忙无空闲，这次竟能跟着姨妈他们去见见世面，比起周游四海的表妹，我无疑是大惊小怪，处处感到新奇的一个人。

那次去海边的旅行很短暂，我玩得不尽兴，但还是很高兴——至少直到海滨酒店退房之前，我还是很高兴的。

酒店前台工作人员说："检查房间的人说有东西不见了，不能退房，除非找到了。"

那是我和妈妈、弟弟一起住的那间房间，不见的东西是一本放在电话机旁边的小本子，附带着用来垫着的小板子和一支小铅笔。

众人都很疑惑，坐电梯回到了那间房间，一起翻找。

我背着我的黑色小背包，站在一边，也到处观察寻找。

突然小舅舅走过来，皱着眉。

他说得很肯定，也很大声："你不要闹了，肯定是你把它装进去了。"

迎着别人的目光，我抓住我的黑色小背包，我说："我没有，我没闹。"

是，他知道，他们知道，我会因为新奇去收集这些酒店里的小东西，而且我们是付了钱住进来的，这些小东西小物件也可以被我们拿走。我会把小针线包、塑料梳子、一次性牙膏、好看的塑胶杯垫装进我的背包里，但我母亲有好好教我，我知道什么该拿，什么不该拿。

不该拿的，就是偷，我知道。

即使我年纪小，判断力还是有的。

我是拿，小孩子那种对新事物好奇的拿，难得旅游的那种没见过世面的第一次住酒店的拿，那种见不得附赠的一次性生活用品被浪费的拿。

哪里像你们？你们对旅游经验十足，对旅途计划丰富，对我来说则是一次无比伟大的旅游，外面的一切对我来说都是新奇的，都是昂贵的——我贪小便宜，我自卑、我渺小，可我真的，真的没拿不该拿的。

真的不是他们口中的心里的那个"偷"。

我重复着说不是我，我没有。

可是大家都在找，找那个有着底板的、带着笔的本子，并为此烦扰，也许因此多了几分烦躁，耐心也消磨了许多。于是没人听我的辩解，手上翻找的动作渐渐慢下来了，都开始用那种质疑的、怀疑的、责备的、怪罪的、嫌我不懂事的眼神看我。

那么多年了，我记不清细节，但是孩子是敏感的，我确信我分辨出的这些目光里饱含的负面的情绪无可置疑。

因为它们洞穿了我的心脏，而此后留下的伤口和阴影不会撒谎。

只有母亲和小孩子们没有那样看我，但是母亲大抵觉得亲戚们足够熟悉，不会做出什么过激的事来，于是找得认真，无暇顾我，我缩在角落里——被隐隐形成的阵势围在角落里。

然后，他们终于做出了动作。舅舅向我逼近，他还带着点温和的怜悯，却不容我抗拒地把我的背包从我手中夺走，继续不容我反对地把背包整个翻倒着甩动，一股脑地将所有东西倒在床上。

他在一堆杂物里扒来扒去。

他有些意外。

他轻飘飘地说："没有。"

他若无其事地走开了。

其他人的目光本来全聚集在他手里的我的背包上，似乎都确信是我偷的。连那个一起来找的酒店工作人员，她一个外人，也来见证我这个小孩子因不懂事而犯下的罪恶，甚至好像已经提前准备好了抱怨和指责我的话语，来补偿四处翻找那么久、耗费精力那么多的自己。

结果没找到，反而看见一堆酒店附赠的小物件。

她眼里顿时就泛上了失望、鄙夷和嫌弃，好像在讽刺我这个小孩子年纪轻轻就如此吝啬，一丝便宜也不放过，怪不得房间里面一切能带走的小物件都消失得干干净净，原来是都被收进了我这小屁孩的背包里。

他们拉长声音说："哦。"

我就站在床边，我不敢看任何人了。我低着头，很低，很低，像已经被那些没出口就已从眼神中迸发而出的指责砍断了一半颈椎。

我慢慢地、小心翼翼地憋着眼泪靠近我那被随意丢弃在一边的背包。其他人围绕着我，继续找那个本子，那个害我接受了一轮本不该有的审判的本子。

我脸上好像被涂了一层辣椒水，被那些目光撕扯刮划后的伤口更加刺痛。我该是有眼泪流出来的，因为那些伤痕被委屈冷却之后，全都变作耻辱的刺字。

是，我是小孩子，是有可能会拿错，但他们可有询问过我？可有尊重过我？他们总以为小孩子不会记这些事，小孩子不会想太多，而且他们觉得小孩子错了，就是真的错了。

——就算是误会了，也有更多理由，让他们心安理得地原谅自己。

他们永远不会说抱歉。

如今回想，也不排除大人自己难为情去占这些便宜，而放任小孩子去收集去做，即使在小孩子这儿意外暴露出来，难为情的人，还是他们以为不会难为情的小孩子。

若真的要他们解释，也不外乎那几句——都是小孩子不懂事，是小孩子自己做的，是小孩子喜欢就拿了，等会儿就管教管教他。

最后那个本子被找到了。它应该是玩闹间被碰倒然后滑进了桌子与桌子间的缝隙里的。

但是，我已经不在意它在哪里了，因为它在哪里对我来说都一样，事情已经发生了，污蔑已经结束了。

短暂而盛大的讨伐也已经结束了。

许多年后，我依然会梦见这件事，继而惊寤不能寐，驱不得，散不去，毒蛇般盘踞着时刻嘲笑我的窘状，讥讽我不被看重的辩解。

永远不会释怀，永远饱含恨意，永远煎熬无法解脱。每当想起，每一次，都仿佛重新置身于那种针扎锥刺的环境中——仅仅是几句话，仅仅是几双眼睛，竟能使我一介无知愚子感受到千夫所指那般等级的威迫。

只是因一个本子。

而那个本子如此庞大，遮天蔽日，撒下的阴影却恰好笼罩了一个孩子整个瘦弱的身躯。

向阳而生，追光前行

2022 级　李泳霖

晚上路过天桥时买了一株向日葵，恰逢她的最美年华，她热烈地向上绽放，花瓣周围缠着星星灯，在夜晚中发着光。

想起我高三时，学校的蠡湖边有一块小地方也种过向日葵，高高的，但她们不是向上绽放，她们向着没有太阳的前方。有时太阳太猛烈了，她们就把头低得更低了。我那时惊叹原来向日葵也不一定是向日的。

第一次发现她们是出于偶然。我走在熟悉的道路上，忽然瞥见我眼角的一处灿烂，是一小片的向日葵地，学校种新花了！可惜好景不长，她们都累了，不失优雅地弯下腰，憔悴的面孔快要贴到大地，垂垂老矣。是她们不适合这片土地罢，是这片土地不适合她们罢。然而，学校的园丁像不罢休似的，铲除掉已经原本种得奄奄一息的向日葵，又种上了新的一片。这次的向日葵没那么高，像一群孩子，花瓣密密地围着花盘，像年轻可爱的狮子头，又像火燎燎的太阳。

新种的向日葵们好像大致能找到方向了，向阳生长着。但其实只要你仔细一看，就会发现有个别的几株走失的孩子，独立地、自由地、朝着自己想要朝着的方向，不知是找不到太阳还是对太阳感到不屑，很勇敢，又很孤独。我独自看着孤独的向日葵，仿佛看到有时特立独行的自己，和一群不惧孤独、追求自由的人。在人生的漫漫长路上，在通往理想的道路中，有人结伴同行，有人踽踽独行，而最终剩下的同伴，只有自己。

我特地去查找向日葵不向日的原因，原来她们没成熟时，由于生长素的作用会随着太阳转动。等到她们成熟的时候，为了防止高温灼伤花粉，就基本一直向着东方。

我一直认为人是从自然中来，人类能从大自然中汲取无限智慧。成熟的向日葵不再追着太阳，是因为她们找到了属于自己的方向。她们向阳，是因为她们在努力生长。

高中时经常怀疑自己，觉得自己的学习能力大不如前。看着身边一群上课不听、考试满分的牛人，我时常怀疑自己的选择，我是不是不该一心一意地去听课，我是不是不该努力学习？但是后来，我逐渐明白，每个人的天赋有所不同，每个人的境遇也各有差异，而时下的学习方法是最适合我、最让我感到舒服的。即使我平平无奇，我也要坚持我自己的道路，或许这就是向日葵的成熟。

高三的日子是匆忙又有些许单调的，但是蠡湖边转角的向日葵地给我高压又乏味的生活增添了不少色彩。我带着我同学经过，像发现宝藏一样指给他们看，即使他们早已知道。

成人礼那天，妈妈带着弟弟给我送来一束花。我的花束很大，十分气派，六株向日葵开得灿烂，被粉红色的满天星环绕。我不知道这个长得像太阳一样的植物有什么魔力，"矢志不渝地向着太阳，成为太阳"。她们在以她们的姿态鼓舞着我，要心存希望，向着未来。我需要向日葵，因为高中时期一直在忍受、转变，无论是身体出现令我恐慌的毛病和家庭里一直僵持的关系，还是在学校所感受到的学习和人际上的心理落差，我都太需要治愈的东西了。当一个人真的经历诸多苦难，她就愈是乐观，因为她要自救。所以很庆幸，成人礼那天，又遇到了向日葵。即使学校泥土种植的两批向日葵都倒了，但我知道永远还会有向日葵在自己适合的地方向阳生长。

想起李娟写的《遥远的向日葵地》，那是乌伦古河南岸荒野中最浓烈的一抹绿痕。她们家种了九十亩向日葵，但在她们眼里却是少之又少。这片土地南面是起伏的沙漠，北面是铺着黑色扁平卵石的戈壁硬地。想想吧，在荒芜的茫茫大漠中，有一条由向日葵组成的金丝带在飘扬，应该会减轻害怕和寂寞。

有位老师说他想做植物大战僵尸里的太阳花，因为太阳花能持续产生太阳供给更多能量，永远活力四射，永远摆动身体，产出小太阳。不像蜡烛，必须燃烧自己，才能照亮他人。我觉得这个比喻非常有意思，老师最好不要成为蜡烛，而要成为向日葵，向着光，成为光。

岁月的河流终究还是将青春的痕迹冲刷。在玻璃瓶里水培了一星期的向日葵开始慢慢地萎缩。茎和根开始掉皮，裸露出里面的运输管道，就像人老了会青筋凸起。时间紧紧地缠绕住她，无情地吮吸着她翠绿的汁液，直到她变得棕黄。一片片柔软的花瓣也脱去华美的金袍，裸露出她的脉络和苍白的身体。松弛，蜷缩，花朵不再正值年少。我问："你后悔吗？"

秋风轻抚花瓣，我仿佛听见她依然骄傲道："向阳生长，向光前行，灿烂过，不后悔。"

下乡小记

2021 级　周乐儿

  当我在早晨六点的集体闹铃声中被惊醒,半眯着眼探头捕捉第一缕乍现的天光,我恍惚地觉得自己又回到高三的夏天,就好像我还是习惯早晨六点在催命般的闹铃声里爬起来洗漱一般。只不过这一次我换了个角色,却仍旧是在校园,仍旧是在少年。

——序

  那是我大一第一次参与文学院三下乡实践活动,明明自己也还是半大懵懂的少年,面对着比自己小的孩子们不得不板起脸装威严,其实慌张得心跳不止。在此之前,我从未想过"传承教育理想"这种空大的套话会出现在自己身上,也从未将理想与现实放在同一个子集里讨论。我没有什么理想,对我这种家庭条件中等的孩子来说,理想实在太昂贵。

  那天上午,我第一次面对一群比我小那么多的孩子,穿着清一色的校服,戴着或别着校卡,端坐或随意,带着或审视或好奇的目光,正襟危坐却又忍不住用余光打量着不速之客,目光自我们从窗前经过时不停歇地追逐着,试图弄清楚我们这些与他们格格不入的人的意图。我轻轻地在心里告诉自己:"他们就是你今后六天里的学生了!"那一瞬间,我飘浮已久的心突然雀跃起来,"学生"这个词似乎戳到了我心里某一个柔软舒服的按键。我想,十二年寒窗,今天终于轮到我站在讲台上了吗?这些孩子是我未来即将要接触和熟识的人,或许我们能够成为朋友吗?或许他们会怕我吗?或许我能够给他们的生活增添一点乐趣吗?或许我能小小地在他们的人生中留下一点印记吗?

我在线下总共只有两节课和一节早读。作为第一个上课的老师，我承受的压力无疑是巨大的——当然指的是我给自己的心理压力。正式下乡前的一个月我已经开始备课和试课，正式上课的前一天晚上甚至当天中午我依然还在不断调整和尝试。过于沉默的孩子们和难以调动的氛围一遍一遍地敲击着我本就紧张的情绪，我甚至已经在脑海中预演了几种发现学生上课走神或打瞌睡之后的应对方式。但这种紧张状态在我站上讲台的那一刻起，神奇地烟消云散了。当我面对几十张悲喜不同但目光无不聚焦在我身上的面孔的时候，我竟然前所未有地放松下来。"有人在用心听我讲话"是我产生的第一个念头，或许是小小的虚荣心得到了满足，或许是自卑敏感的心得到了抚慰，我一发不可收拾地爱上了讲台。"或许做一个老师也不错"，我这样想着。从我站上讲台的那一刻起，好像整个世界都是我的。最起码，这间教室是属于我的，我课前所做的所有功课都奇怪地消失在我的脑海中，却融入我的行动里。

　　夏日的雨水总是格外丰沛，风席卷着雨水毫不留情地击打在窗户上，窗外瓢泼大雨一如窗内沉重的氛围。我的下乡生活并非一帆风顺，繁重的教学任务和稿件撰写工作每日不歇，突如其来的改变和调动往往令人措手不及，熬夜打工成为常态，轮转无常的工作让每个人都感觉到身心俱疲。在感受到"众星捧月"的同时，我不得不承认这样的工作确实非常打击我的积极性。

　　直到有一天上午，班里的一个孩子在课余跟我聊天，他对我说："老师，我以后也想当一个老师，你们离开之后我们会很想念。"我至今仍旧记得那一天铺天盖地的大雨，记得他当时澄澈的眼睛和我忍不住发酸的鼻尖。我突然发现，教育不是我一个人的事情，不是我轻飘飘挂在嘴边的目标或者理想，不是我用来满足虚荣心和养家糊口的工具，我真切地在影响着别人，影响着干净纯粹的心灵。我第一次深切地觉得——我活着，我所做的事情不是毫无意义的，我的理想和追求被妥帖地交付到另一个人手里，我或许能够在更多的人的人生里留下哪怕一丝痕迹。所有从前的辛苦和难过，在这句话中得到了治愈。

　　我爱上了站上讲台的感觉，爱上了陪伴一群孩子慢慢成长的感觉。在进行这次"三下乡"活动之前，我从未对教师有过定义和概念，我也从未考虑过我所真正热爱的事业，我所盘算的现在和未来都是在为自己尽量多寻找一条可以行走的道路，无论是考公还是考研，我读这个专业的打算从来都不是出自于对教师职业的热爱。我曾迷惘于自己的碌碌无为，曾谴责自己的摆烂和躺平，也曾焦虑于看不见尽头的未来，但在这一刻，我突然冒出了一个念头："做一个老师，真是一件幸福的事情啊。"我曾抱怨课前烦琐紧张的备课工作，曾烦恼难以正常进行的代际沟通，曾恐惧站上讲台面对一群各怀想法的学生，这些负面的念头一如晚夏里令人胆寒的倾盆大雨。但此时的我，却陡然生出了不再畏缩的勇气。

　　随着时间的推移，我惊奇地发现我周围的这些孩子身上令人惊叹的闪光点和他们心里小小的、正在生根的理想。有的孩子满面红光地跟我说他能够踩着高跷奔跑，有的孩子臂力优秀甚至能掰手腕掰赢我们队里的大学男生，有的孩子身体灵活上墙翻墙不在话下，有的孩子已经加入了镇上的锣鼓班长年巡演，有的孩子想象力天马行空，有的孩子思维敏捷，有的孩子小小年纪已经尝试自己写小说。这些山里的孩子并不像我们想象中那般木讷内向，反而生动活泼，每个孩子的眼睛里都住着星星，他们期待被人发现，也期待得到鼓励和夸赞。只是受他们的生活环境局限，他们无暇考虑以后的生活，他们迷茫于自己的未来。于是我们设置了一堂解答课，请他们将自己的疑问匿名写在纸上，由我们来回答。我希望这些微小的举动能在他们的心里种下一颗种子，鼓励他们努力学习。也许课内知识是他们的短板，但他们的未来却不只有一条路，每个孩子都会在自己的生活里闪闪发光。

　　"传承"二字对我而言实在难以诠释，在落笔书写这一段文字的时候我犹豫了很久很久。"传承……什么呢？"传承，是前人的精神还是伟大的学识？总觉得这些东西说出来都是空中楼阁，我难以感受，也难以共鸣。

　　但我唯一可以确定的是，走在教育这条道路上，我们始终在传承理想，始终在延续一个珍贵的梦。教师之路是一条需要我翻越万水千山去奔赴的道路。我的理想、我的期盼将不只属于我自己一个人，而是由我和未来我即将陪伴和呵护的孩子们一起不断传承、延续和实现。或许有一天能够有一个孩子走到我面前，对我说："我已经实现了自己的理想。"那么，我也能很自豪地回答他："我也实现了自己的理想。"我将不会停止前进和探索，哪怕满身泥泞，满眼风雨，我也相信总有微光穿透层叠的树荫，终点处一定会出现彩虹。

自由与自律之间

2022级　夏　楠

　　从规律作息的高中来到相对自由的大学，我一开始很茫然。突然而至的这种"无边无际的自由"有点像是可以无穷组合的钢琴键，一时间令我无从下手。我发现自己对于学习和玩乐的时间总是分配不好，甚至一度希望大学也能推出一张像高中一样排得满满当当的作息表才好。

　　手机的使用也完全自由了。我这才发现手机里原来竟有那么多层层设置的应用锁和定时提醒——那是我当年和手机作斗争的证明啊。但手机迅速成了一件令我又爱又恨的物件。一方面，我醉心于它给我带来的快乐；另一方面，我宝贵的时间总在不知不觉间被它"偷"走。拿着手机，我就像一只学飞的鹰，似乎第一天才认识我的翅膀。我在跌跌撞撞中摸索着适合自己的使用方法。

　　这块扁平且散发着荧光的小方砖，一旦打开，那些五颜六色的软件就在挤眉弄眼地向我发出召唤，令我心痒痒地忍不住去点开，让我成为它的俘虏。但我不想这样，于是我将最耗时间的软件狠心地卸载了。如果真的要用它，我再重新下载，但用后即删；我发现躺在床上玩手机也是难以自控的，于是我干脆将手机留在桌上，爬上上铺时绝不带手机。如此一来，手机果然又变成了乖顺的绵羊和我最得力的助手。

　　征服手机后，我开始有序规划其他作息时间。白天上课，晚上去图书馆，这成了我每日的标配。这样，虽然自由，但我的日子似乎又开始有规律起来，我想这就是自律。

　　但很快，我又发现自己并不开心——学习的专业是我最心爱的文学，但一行行密密麻麻的文字逐渐让我原本灵动的心变得有些麻木，规律作息后的学习需要一日日地久坐，这又让我的背部僵硬……大学生活的确需要自律，但我还是觉得少了点什么。

终于有一天，我在朋友圈中找到了症结所在。同学们丰富多彩的生活让我的羡慕达到了峰值。他们参加各种社团活动，课余时间又结伴出外旅行……就像小虫子渴望光一样，我也不由自主地向往着他们那样的生活，于是，在内心欲望的驱使下，我向一样"宅"的舍友发出了外出旅游的邀请，她欣然应邀。从此我们便一发不可收拾，每周都外出"活动"。

我们穿过熙熙攘攘的古镇大街，大树的浓荫轻轻拥抱着我们，路两边的小摊主们不急不慢地吆喝着，那些晶莹剔透的糕点、缤纷飘香的水果静静地列阵等待我们检阅，远处传来有节奏的打鼓声，我们便加快脚步循声而去；我们进入绿意盎然的大公园，无数幽深的小径重叠着我的梦境，阳光透过枝叶的缝隙洒下来，我们的头发被镀上了暖黄的金边，湖水被风吹得起了一层波纹，一只只白鹅浮在水面上，有的蹲在水中的石头上，眼中没有丝毫波澜地望向我们；我们漫步在香水气息扑鼻的商场里，各家的招牌闪亮而精致，让我们仿佛置身于赛博幻境，探索着许多的未知与新奇……我们和更多同学相约一起出行，渐渐地，在旅游途中又收获了更多快乐的回忆和珍贵的友谊。我和老朋友、新朋友并肩而行，欢笑声洒了一路，直到回到宿舍时，我还能感觉温暖的余音。

原来，大学的自由生活可以如此美妙。当我再次来到图书馆坐下，翻开书页，奇异的事便发生了——那一个个方块字竟然活了，如同五彩缤纷的流星般手拉着手，围绕着我唱歌，那些文字叮叮咚咚地像山泉般流淌进我心间。我想，是那些美丽的风景滋润了我的心灵，是那些珍贵的友谊让我的大学生活变得丰盈，学习便也不再只是枯燥无味的事了。

我耗费了大半年的时间，终于在自律与自由之间找到了平衡。大学生活的确与高中生活完全不同。在这里，自律，不一定是天天埋头苦学，有规律地生活也是自律；自由，不是毫无节制地玩乐，遵从本心、让自己身心健康的自由才是真正的自由。

于是，临近年末，我回首这一年，便发现自己找到了大学送给我们的最好的礼物——找到自我。不要抗拒新事物，也无须害怕尝试，只要在无数条探索的路径中慢慢寻找，就总会找到适合自己的那条路。

我想，这就是成长。当我们有能力让自己过得既充实又开心时，我们才算是真正成年了。

一个叫李华的学生每天都在循环

2022 级　梁书祎

我叫李华。

这个名字相信你们并不陌生。

哦！不用质疑，就是我，那个经常让你们替我写英语作文的人。

不过，可不要以为我就是在坐享其成，我也是会自己写作文的！只是由于某些不可抗力因素，我需要向你们寻求帮助。当然，我也知道每次都写作文会惹人厌烦，所以有时候也会叫你们替我改改我的作文，以及我同桌的作文。

有人称我为英语作文钉子户，也有人叫我英语作文帝。其实叫什么都无所谓啦，我也不在乎。

不知道你们有没有产生过这样的疑惑：

为什么我拥有那么多身份？学生会主席、高一/高二/高三学生、留学生、志愿者、比赛队员、口语社成员、俱乐部会员……

为什么我参加过那么多活动？公益事业、劳动实践、篮球足球排球赛、演讲比赛、征文比赛、新闻报道、邀请外教、策划节目、做访谈……

为什么我有那么多兴趣？写周记、交笔友、写邮件、做家务、邀请朋友来家里、给别人提建议、去各种网站上投稿、喜欢各种球类运动、跑步游泳唱歌跳舞样样涉及。

为什么我老是结交一些外国朋友？什么 Jam、Peter、Tom、Kevin、Redd、Mike、Jack、John、Amy……

为什么连我的性别、年龄、学校等等都是随机变化的？上了几十年学依然青春永驻、至死是学生！学校随便选：红星中学、光明中学、希望中学、育才中学……各大高中任我行！可男可女，上可代表国家出席，下可深入基层服务，万千变化不改本心，人类高质量学生就是我！

好吧，好吧，我知道我有点卖关子，但你们先别着急，下面我将仔细地告诉你们这一切的答案。

首先我要说明，在那一天到来之前——也就是4月11号前，我和曾经的你们一样，是个苦哈哈的高中生，每天被数不清的试卷淹没，一天又一天重复着"起床—吃饭—跑操—上课—做题—吃饭—睡觉—上课—做题—吃饭—做题—睡觉"的日子，期待着突出重围考上大学。

但是，可能由于量子力学……或者其他什么神啊鬼啊的等我解释不了的原因，总之在我身上毫无征兆地发生了一件奇幻诡异的事——我被时间困住了，我陷入了循环中。你们能体会那种感受吗？所有人都在向前走，只有我被留在了那一天。

不，不，我没有在骗你们，我说的都是真的，我知道这难以置信，但这确实是我正在经历的事情。

那一天很平常，和以前度过的几百个一天相差不大：

早上5点50分，天刚蒙蒙亮的时候，我无比艰难地把我自己和床分开，洗漱穿衣出门去食堂吃饭。

6点13分，我在放餐盘时被人不小心撞到，那个人手里的豆浆很不幸地洒在了我的外套上。我没有理会那个人的道歉，心里暗骂一声倒霉，把外套脱下来拿在手里，向教学楼走去。

6点20分，我坐在教室里，一边和我的同桌补昨晚没有完成的作业，一边听他抱怨学校给他身心带来的各种"摧残"。

6点40分，班主任和铃声一齐迈进教室，早读开始了。

……

晚上9点21分，刚刚结束夜跑回到教室的我们，开始上英语自习。英语老师在黑板上写下今天要写的作文及要求，并放出"狠话"："今天英语作文再不好好写，谁也别想有明天！放学后都留下来改作文！"说是这么说，但谁也没当真，因为我们清楚英语老师的性格——就像夹心糖，坚硬的外表下藏着一颗柔软的心，是断不会因这点事情而惩罚学生、不许学生回去休息的。

所以，那一天我没有写英语作文。

之后，我真的没有了明天。

听到这里，你们是不是觉得很荒谬？没错，我也这么想。简直匪夷所思！闻所未闻！不可理喻！我想，我可能是世界上第一个这么奇葩的"循环"者。或许你们想问："循环是不是和英语作文有关？"如果你想知道这个问题的答案，就继续看下去吧！希望你们不嫌弃我的啰嗦。

当我的闹钟在 5 点 50 分响起时，我拖着还沉溺在睡梦中的身体起床，开始洗漱穿衣。在穿外套时，我发现我昨晚洗过并挂到外面晾衣杆上的外套，竟然搭在我的椅背上！但当时我并没有太在意，以为是自己昨晚太困而忘记了要晾衣服，随手放到椅背上的。

6 点 13 分，我在食堂放餐盘时，又被人撞了一下，依然是相同的豆浆，弄脏了相同的外套，相同的"惨案"啊！我有点恼火地向那个"肇事者"看去，居然发现和昨天的是同一人！好家伙！这还是"二次作案"啊！我愤愤抛下一句："走路能不能注意一点！这都两次了！"然后头也不回地走了。

6 点 20 分，当我坐在教室里、听着同桌和昨天一模一样的抱怨声，看着我昨日写过的、此刻却一片空白的作业本时，我才终于意识到了不对劲。恐惧感密不透风地将我包围，吸入肺里的每一口空气都让我感到战栗。我甚至怀疑我是不是根本就没有起床，我仍在做梦。

后来的事你们应该也能想到，和所有的循环套路一样，我从一开始的恐惧害怕，到质疑挣扎，再到逐渐麻木。每天早晨睁开眼睛，永远是 4 月 11 日，我是时间的弃子，是找不到明天的人，亦是被诅咒不会有未来的人。曾让我讨厌的明天，如今却成了我最大的奢望和执念。明天是水中月，任凭我怎么努力，捞到的也只有虚假的倒影。我的生活就像是一盘被反复播放的录像带，我被迫反反复复不断地观看这一天所发生的事情。到后来，我甚至能记住所有事情在每一秒的变化；我不再被撞到，不再弄脏外套，不再回答不出问题，不再……这真是自我出生以来拥有的最顺利的一天，可这有什么意义呢？如果没有明天，今天再完美又有什么用呢？

对，没有用。所以，我放弃了挣扎，上课没有意义、学习没有意义、吃饭没有意义、睡觉没有意义、交流没有意义，一切都没有意义！无论我做什么，是成功还是失败，时间都会在这一天重启，我不知道自己为什么活着，我找不到生活的意义。

这时候估计你们要不耐烦地发问了："这到底和英语作文有什么关系呢？"

好的，我马上要说的就是这件事了。自我有记录以来循环的第 216 天，我在百无聊赖之时，再一次听到了那句早已烂熟于心的话："今天英语作文再不好好写，谁也别想有明天！"就像滴水穿石一样，那一瞬间，"明天"这滴"水"终于穿透了我这块"顽石"，我决心要认真完成这一篇作文，来为我消亡的明天谱一曲哀乐。

然而，当我下定决心想要完成英语作文时，我发现周围的一切都变成了我的阻力：老师会敲我的桌子叫我去办公室，同学会强行拉我去打游戏，写字的笔会突然不出墨，放到桌上的作文素材书会不知去向……之前一成不变的一天像突然经历了一场地震，引发了一连串剧烈的变化。而这些变化，都是从我决心要完成英语作文后产生的。我逐渐开始怀疑，打破循环的关键极有可能就是这篇英语作文！想到这里，我感到了久违的激动和兴奋，这是在以往的循环中我从未见过的、前所未有的巨大挑战和希望！我想，既然我一个人不能完成，那么，我就去寻求更多人的帮助！于是，我又耗费了几百个循环的时间，想尽各种方法，成功地让我的求助登上了你们全国各地的高考卷。

什么？你问我怎么做到的？这可是机密，其中的缘由和艰辛不足为外人道也。而且，我也是在一次次尝试中偶然间发现，英语作文居然可以成为两个时空沟通的媒介。起初，我只是想要完成我的英语作文；但现在，每天收到成千上万份作文已经成为我的期盼。是你们让我知道，我并不是在茫茫宇宙中唯一的一颗孤独运转的小行星，即使我们永远无法相见，但我依然能从一个个温热的字符中感受到你们的存在和陪伴。

话说回来，当我第一次收到数不清的英语作文时，我的激动之情简直无以言表，我感觉我的血液像是刚刚烧开的、还在咕噜咕噜地冒着气泡的热水，滚烫无比。一想到我终于可以逃脱这该死的循环，我就恨不得去操场冲个 1000 米来好好释放一下我无处安放的兴奋和快乐。

那一天夜里，我久久不能入眠，脑中不受控制地幻想着明天的场景：明天！我期盼已久的、无数次于梦中擦肩而过的明天！明天会是怎样呢？会有崭新的蓝天，会有新的课堂、新的对白、新的际遇、新的朋友……最重要的是——新的日期！

我迫不及待要开启明天了！

我不知道那天我是怎样压抑着那颗躁动不已的心不知不觉睡着的，我只记得当我再次睁开眼睛时，还穿着睡衣的我，不顾一切地冲向楼顶，跳了下去。

没错，意料之外，我失败了。我以为我的明天是一幅只差一块拼图就能完整的图画，但当我睁开眼睛，看到的依然是那个噩梦般的 4 月 11 日时，我知道我找错了，英语作文不是那块正确的拼图。那什么才是正确的拼图呢？可能根本就不存在那样一块拼图，一切只是我的痴心妄想。

循环的日日夜夜缥缥缈缈，如坠云雾。直到有一天——我已记不清那是第几千次循环的一天了，我像一台没有感觉和知觉的机器一样起床、洗漱、穿衣、去食堂，在放餐盘时，毫不意外，我又遇见了曾经撞到过我的那位同学，不知道什么原因，这一次，我没有去躲开他，我转身稳稳地托住了他的餐盘；也就是这一次，他对我说的不是"对不起"，而是"谢谢你"。

我因为绝望而麻木的心绪从那一刻开始刺痛不已，仿佛一场遮天蔽日的暴风雪终于结束，阳光撕开黑暗、温暖驱散寒冷，我冻僵的血液开始流动，心跳的声音久违地响起。我的内心突然生出一种巨大的自豪感：我可以"预知未来"、可以做到很多人做不到的事，因为我有无限的时间与机会。而且，我觉得我可以做到的不仅仅是托住即将翻倒的餐盘，我还可以做更多的事，认识更多的人，听到更多的感谢，看到更多的笑容。

时间循环残酷地剥夺了我的未来，却也在阴差阳错中，给了我去尝试一切可能的勇气和修改过去的能力。我拥有"重启每天"的王牌，我可以随心所欲、不问缘由、不计后果地去或粗糙或精细地雕刻出不同的自己，如此一来，重启的就只是时间，而不是我。

专注当下，忘记明天，就会产生想要探究一切的激情。未来的某时某刻已与我无关，现在的此时此刻弥足珍贵。当我开始去尝试、去改变自我时，我突然发觉，我已很久不再成为我自己。我是我想成为的那个人和别人把我塑造成的那个人之间的裂缝。

我不再去想是否有明天，我只想把今天过好；把今天过好后再将它过得与以往不同，就是我的明天。

也许某一天醒来，我会惊奇地发现日历翻到了 4 月 12 日，又也许永远都会是 4 月 11 日；也许我终有一天会再次画地为牢，囿于厌倦和绝望的囚笼不得脱困，又也许我会像不熄灭的野火那般，让整个世界都烧成我的颜色。

无论如何，至少此时此刻此地，我在"一切全部都没有意义"的时空里，让"意义"这个词有了意义。

这就是我荒诞的人生。

我就像是推巨石的西西弗斯一样，永远在与不断滚落的石头抗争。推石头本身没有意义，西西弗斯将意义倾注在他踏实踩下的每一个脚印中；我的生活本身没有意义，所以我在每一次循环的小小改变中亲手创造出意义。

有人说，接受人生中的荒诞，与荒诞共存，就是在反抗。而我想说——接受人生中的荒诞，并为荒诞赋予意义，就是新生。

我是李华，一个努力创造"明天"的人。

差 生

2022级 谢 煌

"贺黎朝！出去教室门外站着！"

教室瞬间安静下来，同学们的目光都默契地移向教室最后一排的男生，这已经不是第一次发生这种情况了，大家习以为常。有人嫌弃地低声咒骂一句："差生就是差生，烂泥扶不上墙，这种人怎么也好意思来上学啊。"

贺黎朝收回跷在桌上的二郎腿，撇头向其他人做了个鬼脸，站起身来，双手别在脑后，摇头晃脑，身姿懒散，优哉游哉地走到教室后门，靠在墙上，嘴里低喃："说得对，我就是差生！"

天色突然阴沉下来，渐渐下起来淅淅沥沥的小雨。清风裹挟着雨水，滴答滴答拍打在窗上。湿润的雾气吹拂在贺黎朝的脸上，凉意唤回几分清醒，他伸出瘦削而修长的手，雨珠透过温热的手掌。

"又下雨了。"声音低沉地说。

"这位同学，你怎么还在外面站着？下雨了就先回教室里躲雨，别着凉生病了。"声音轻柔，像是一股甘洌的清泉，清透又干净。贺黎朝循声望去，她身材高挑，白衬衫搭配着黑裙，墨黑色的卷发高高束起，露出细长白皙的脖颈，手里还拿着几本书。

贺黎朝看了眼手表，已经下课了，朝她点了点头，回到自己原本的座位上，用外套盖住自己的头，趴在桌上假寐。

她走到教室前门，来到讲台处，放下手中的书本，说："同学们，你们班的宋老师因为身体原因无法担任大家的班主任，我是你们本学期及未来高中三年的班主任，我叫姜惟，大家可以叫我姜老师。"

雨渐渐停了，潮湿的泥土味夹杂着石楠花的花香，飘进教室。骄阳的余晖透过玻璃，折射到贺黎朝的身上。听到熟悉的声音，贺黎朝抬起头，只见姜老师的眼眸在夕阳中闪耀，那双透亮的双眸似一束光。一瞬间，贺黎朝有些迷茫。

窗外的晚霞已经将天空完全笼盖，金黄色的光斑映照在教室的地板上，仿佛在诉说着放学时刻的到来，人群从校门鱼贯而出，三三两两结队而行。少年们并肩而行，肆意非凡。

贺黎朝睡醒后已经是下午六点了，他回顾一圈，只有他的影子还在与他做伴。地板上似乎还残留着同学们吃完未带走的零食垃圾，讲台上到处都是粉笔灰，课桌的摆放也是杂乱无章。

他蹙了蹙眉，拿起教室后面放着的扫把，仔细清理着教室的每个角落。夕阳下，贺黎朝的睫毛乌压压地垂下来一片，又长又密，高挺的鼻梁在一侧眼窝处，投下稍暗的阴影，有风吹过，蓝白色的衣服微微扬起，盛着光的睫毛颤了颤。

扫完后又拿着抹布把讲台擦了一遍，将桌子摆放整齐，洗手后，随手拿过挂在椅子后面的外套，轻轻把门带上，影子被拉得很长。

这一幕都落在姜老师的眼里。

第二天，姜老师走进教室，拿着一张奖状："同学们，我要郑重表扬班里的一位同学——贺黎朝。"

底下的人交头接耳："怎么会是他？""怎么可能是贺黎朝？是不是老师点错名了？"

贺黎朝眼底划过一抹暗色，他抿着唇，没有说话，只是低着头。

"我没有点错名，大家看看现在的教室，是不是干净整洁？这些都是贺同学昨天一个人默默干的，大家是不是应该给点掌声？"

姜老师带头鼓了掌，同学们有些羞愧地低下头，为自己的恶意感到深深的歉意，教室里瞬间溢满了掌声。贺黎朝猛地抬头，这一次，他对上的不是同学们的嘲笑，不是同学们的讥讽，而是发自内心的夸奖。他望向姜老师，她的眼光和昨天的一样，装满了温柔的笑意。

课后，贺黎朝敲了敲办公室的门，姜老师示意他坐下。姜老师正翻看着他的语文作业本，见贺黎朝过来了，便招呼他过来。看着看着，她的眉头便微微皱了起来。贺黎朝对这种神态习以为常，几乎每个老师看到他的成绩和作业的时候都会露出这样的神情。但当姜老师抬起头时，脸上却是勾起一抹浅浅的微笑。

"今天叫你过来第一件事是为了表扬你，老师知道你不是他们口中的坏孩子，虽然成绩方面不够突出，但是这不是别人对你怀有偏见的理由，他们需要向你道歉。第二件事是我刚刚仔细看了一下你的作业，其实做得不错，但是有些地方可以更好，你看这题……"姜老师指着作业本上的一道题，声音温柔。

作业本上红色水笔批改留下的痕迹比黑色水笔答题留下的还要多，每一道题目上都写了答题的注意事项和思考问题的角度，几乎遍布了整本作业本。她耐心地讲解着他写错的每一道题，如果看到贺黎朝脸上还是带着明显的疑惑时，她会停下来再讲一遍，直到贺黎朝彻底明白为止。落日余晖笼罩在姜老师身上，落下一层薄薄的光圈，红笔被阳光投射在纸上，留下一道阴影，贺黎朝不由得呆愣在原地。

讲完时天已经彻底黑透了，她讲得喉咙干疼。"听懂了吗？"他点点头，作理解状。

第三天上课时，贺黎朝没有再在课上睡觉了，而是拿出笔记本，仔细听讲，课后对着满满红笔痕迹的作业本进行回顾，放学后，待姜老师给其他学生答疑后再带着自己的疑问去询问。

她一如既往，一道题一道题地给他进行讲解，他也一直在努力学习。日子一天天过去，贺黎朝感觉到自己有在慢慢进步，可是几周后的成绩依旧难看，刺眼的 50 分像一把刀，深深扎进贺黎朝的心里。

成绩出来的那天下午，他拿着卷子，看着姜老师丝毫没有责怪的眼光，还是像平常一样给他讲题，他终于忍不住了："姜老师您不对我失望吗？您每天下午都花费大量的时间和精力给我补课，但是我的成绩却没有任何起色……"

还没等他说完，她笑道："哪有老师对自己学生失望的。你有在改变过去对学习的态度，愿意花费时间去学习，这难道不算进步吗？"

他有些羞愧，说："可是，学习到底有什么用呢？"

姜老师微微一愣，随后摸摸贺黎朝的头："我曾经也是这么认为的，但……"

她向他讲了一个故事，故事中的叛逆女学生在老师的帮助下，逃脱了辍学打工的命运，成为一名人民教师。

讲完后，贺黎朝不由得脱口而出："这个女生该不会就是……"

姜老师点点头，肯定了他的回答："没错，这个女生就是我，在老师的眼里，每一个学生就像是天上的星星，各有各的特色和闪光点，哪有什么放弃的说法，你的未来掌握在你自己的手里。我想，这算是对我的老师的一种传承吧。"

贺黎朝心中涌起一股暖潮，他望向窗外，阳光正好，一片光明……

"贺老师,这就是你当老师的理由吗?"站在教室外罚站的女生好奇地询问着眼前身姿挺拔的男子。

多年后,贺黎朝褪去了少年的青涩,一袭黑色的西装衬得脸庞愈发成熟,雪白的衬衣显得人更加精神,俊逸中透出文雅,彬彬有礼。

贺黎朝她点点头,摸摸女生柔软的头发,当年与姜老师第一次碰面的场景又一次浮现在眼前。窗外雨水打落在树梢,从屋檐处缓缓流下,在地面上发出清脆的声音。

"快进去吧,别着凉了。"

女生点点头,走了进去。

贺黎朝陷入了回忆。那天姜老师讲完故事后,他回到家里,把心仪院校改成了师范大学。他想,或许,这就是对姜老师的传承。

在雨中不能站立的鸵鸟

2022 级　李颖妍

　　"让我们欢迎鸵鸟先生的到来，从今往后鸵鸟先生就是我们森林的一分子了！"身穿着得体西装的熊市长拿着话筒激动地喊出，粗壮的手挥向观众，像是红红的旗帜在空中得意扬扬地飘扬着，话中的热情像猛然喷出的盛大彩条通过大喇叭传播到空中，化作丝丝金光勾住每只动物的心，让他们情不自禁地鼓起掌来。大家纷纷踮起脚，伸长脖子想一睹鸵鸟先生的容貌，毕竟，鸵鸟先生一直都定居在遥远的非洲沙漠里，是热带森林稀少的贵客呢，虽然他从今往后就要在森林里定居了，可依旧挡不住大家的好奇。而鸵鸟先生偶尔抬起脑袋，与好奇的目光相接后又倏然低下圆滚滚的脑袋，好像有点害羞呢。

　　看客们时不时聚在一起交头接耳，还不时在中心向外爆发出一阵意味不明的笑声。"哎哟，这也许是鸵鸟心态罢，不是说鸵鸟是要把头埋进沙子里的吗？这里没有沙子，可能只能埋进湿热的泥土里了罢……"狐狸小姐夸张地张着嘴巴，数着涂满指甲油的手指盖，大声地调侃道。旁边的兔子先生也猛地冲上台上，拽住鸵鸟先生的腿，实在是因为他的身形太过于小巧，鸵鸟先生得再弯下头迁就才能看到这小小身板。兔子先生喘着气，尖尖弱弱的声音从自以为威猛强壮的喉咙中吐出，又时不时地卡断："嘿……鸵鸟先生……以后抬起头看我吧……你刚刚冒犯到我了……别低着头看我，你抬头才能看到我的……嗯，大家都是这样说的，那边的谁让你们笑了……"兔子先生一面摆出严肃的神情和鸵鸟先生交流着，又一面像是被台下阵阵笑声给刺激到了，时不时露出愤愤的嘴脸和假意讨好的笑容，脆弱的头并手扒着鸵鸟先生强壮又长的小脚，脚掌踩在鸵鸟先生的大脚上，一跳一跳的，熊市长连忙过来拽着这看起来喋喋不休的兔子先生，无奈地安抚着他，同时顺手拍拍还在迷惑中的鸵鸟先生，似是无声的安慰。眼看着台下的喧闹越发大，熊市长抹了一把满头的汗水呼了一口气，仓促地宣告大家解散，不一会，喧闹像潮水般散去，森林的中心又恢复了点点寂静。

转眼三个月过去了，鸵鸟先生还是那副害羞安静的模样，他并不是多话的性格，但是对于偶尔来的对话是那么的认真专注，态度也是格外的谦逊与友好。渐渐地，一小部分动物和他往来密切起来，直夸他可爱率真。但也有一大部分开朗多话的动物极少和他交谈，对他没什么兴趣，关系也不冷不热的。"轰"，大小雨点一齐倾盆而下，给鸵鸟先生浇了个正着，钻进他的血肉咬得他不禁发抖。这个月是森林的雨季，整个月都是滴滴答答的，响个不停，森林里的动物对雨季已经习以为常了，头顶着一大片叶子就能不慌不忙地溜出家里，前往那热闹地，钻进那生生不息的欢乐中。

除了一个"怪胎"，就是那位远方来的鸵鸟先生。才不到四个月，鸵鸟先生已经不受几乎所有动物的待见了。

为什么呢？是鸵鸟先生犯了什么大错吗？是鸵鸟先生撒谎？他是个表里不一的骗子，还是个虚头虚伪的骗子？是鸵鸟先生爱讲闲话，背后用针暗戳别人？……"不是，通通都不是，哼！他犯的错可是最严重的，哪里是这些鸡毛蒜皮的小事……"兔子先生稍稍停顿了一下，看着旁边一圈围绕着自己、满脸好奇地盯着自己的听客，无数视线在他身上聚焦，一种膨胀的喜悦与自豪油然而生，强有力的白光在他脑中爆炸开，似是逼得他忍不住大声地喷出口水，天知道他是多么努力让自己不要结巴啊。"他……他犯的是目中无人的最重罪，翻白眼、给脸色，属于蹬鼻子上脸了啊，对待友善的动物们甚是冷漠……"讲述者越来越激动，口中喷着掉落的浑浊雨水也浑然不知。"是吧，你也看到他那态度了吧，多么嚣张啊，竟然敢这么对待我……"狐狸小姐优雅地坐在树荫下轻轻吹着她美丽的手指，即使是大雨劈头盖脸打湿她光滑的毛发，在灰暗的雨中她平常那娇俏的小脸看起来也格外狰狞和刻薄，一个个字眼被狠狠地吐出来。"鸵鸟先生平常虽然比较安静，但是也不是这样的吧，也许是误会。大家都别说啦。"有小动物挤进来微微反驳道。"知面不知心啊，怎么这么多动物都说他？怎么不说别的动物呢？而且大家都是如此互相友善关心，说一下又怎样？"刺猬婶婶扭着屁股高声说道。

"哎，别说了，他走过来了。"好事者悄悄地扭过头，慌里慌张地向里面传声道。不出一秒，大家忽然都安静下来，连一根针、一片花瓣掉落在黏稠的土壤上也清晰可辨，似是刚才义愤填膺的声讨只是雨幕下的恍惚梦境，随着鸵鸟先生慢慢走来的脚步，被重重的雨点打进泥泞的土地中。但不是不见了，只是身子埋入雨中，而隐隐约约冒出头的尖刺，毫不留情地扎入鸵鸟先生宽厚的脚掌中，但他只是一声不吭，落寂地走向昏暗的雨幕中，不得喘息和声张。

鸵鸟先生孤独地站立在雨幕中，闭着嘴巴，雨水噼里啪啦地打在他的身上，溅到地上，溅成一个个水坑。老鼠妹妹蹑手蹑脚地溜过他身边，被这个奇怪的雕像吸引住了。她敲打了一下鸵鸟先生的小腿，吸引他微微地低下了脑袋。"您在这干什么呢？""……"鸵鸟先生摇摇头，什么也没说，只是用被雨水淋湿的翅膀轻轻推走她，"您怎么还推我？哼。"鸵鸟先生迷茫地看着老鼠妹妹气冲冲的背影，又低下头，也许鸵鸟先生只是想赶老鼠妹妹去避雨罢，只是谁叫他不张口呢。

"我讨厌下雨。"鸵鸟先生喃喃自语道，"啊，你说什么好。"好事的蟋蟀夫人跳到鸵鸟先生的脚上，一颤一颤的。"唉。"鸵鸟先生背过身去，似是不再愿意讲话，但是他依旧一动不动的，雨像是有魔法似的，将他困在了原地。蟋蟀夫人没有好气地跳走了，嘀嘀咕咕的，看来这位好事的夫人并没有得到她想要的回答，她只是被气走了，也许又在赶往下一个生生不息的欢乐场。

这一天又下雨了，鸵鸟先生依旧低着头站立在黏糊糊的泥土之上，雨滴滴答答地落下，淋湿了耀眼的羽毛，变得浑浊不清了。熙熙攘攘的声音由远到近，把待在原地的鸵鸟先生架起。不，也不是生气，而是一种更加令他难过的方式，他们折了他的腿，让他跪在这片土地之上，明明是腿折在了泥土里，但是鸵鸟先生在心里疑惑地想着，为什么我感觉我的头，更接近充满腥味的泥土呢？鸵鸟先生想不明白，他只感到一阵窒息。

舞台上，鸵鸟先生折着腿跪在红毯上，他恍惚中忽然想起上一次来的风景——还是欢迎会呢。熊市长依旧是那么体面，不过肚子又圆滚了些，他尴尬地看着台下和台上，只是不那么体面，结结巴巴地问一句："鸵鸟先生，森林里的动物为什么要这么说你？你干了什么呢？"鸵鸟先生这才抬起头来，眼睛里有几分迷茫，像是不知道他所问为何事，喃喃自语道："我讨厌下雨。""什么？"熊市长愣住了，像是听不懂鸵鸟先生在说什么。"我讨厌下雨。"鸵鸟先生又重复了一遍。"对啊，鸵鸟先生是讨厌下雨的。"熊市长恍然大悟，露出一个大大笑容，连忙大声向台下动物喊道："鸵鸟先生是从沙漠来的啊，鸵鸟先生讨厌下雨……这一切都是误会啊。"

话音刚落，兔子先生用他那刺耳尖厉的声音质问道："那鸵鸟先生怎么不说出来？""是啊，为什么呢？"台下议论纷纷，又开始吵闹起来。熊市长也愣住了，焦急地询问鸵鸟先生："您为什么不说出来呢？"鸵鸟先生也愣住了:"我说了啊,我讨厌下雨,只是讨厌下雨而已。"这时又有动物大声喊道:"什么啊,其实都是借口吧,鸵鸟先生就是看不起森林里的动物,目中无人!""对对对!"越来越多的动物附和道,似是从迷茫中找到了正确的出路。他们相信眼前的光就是真理发出来的光,不可置疑!这下熊市长也无语了,不知如何是好。

鸵鸟先生常想着,如果自己能张口,是不是就不会这样了。可惜反省与怨恨并不是能相互抵消的黑白块,正加负也不总是零,好与坏相撞也不会归于无。这一切,都是这不能在雨中站立的鸵鸟所背负的,生来有罪,归于尘土。

又一年的雨季到来,鸵鸟先生仍是站立在噼里啪啦的雨幕中,一动不动。久而久之,又一季的雨季过去,鸵鸟先生跪在泥土上,已然成为在雨中不能站立的鸵鸟。

卖芒助农

2021 级　刘珍妮

1. 日　外　家门口

刘青正在家门口劈柴,听见了不远处传来的邮差叫喊声,连忙放下手里的斧子,抬头望去。

李雷一边跳下单车向刘青跑去,一边激动地喊。

李雷:青崽,好消息!好消息!

刘青有些紧张,搓着手向前迈了一步。

刘青:李哥,是我被录取了吗?

李雷举起蓝色信封激动地挥舞。

李雷:没错!你被录取了!青崽,你可是咱们村的第一个大学生呀!这真是天大的喜事。

刘青笑,接过信封缓缓撕开了封条,一张压印了五个烫金大字的录取通知书在阳光下显得格外光彩夺目。

刘青盯着手里的通知书出了神,口中喃喃。

刘青:考上了,考上了,我真的考上了!

刘青摩挲着纸张上楠大的正门手绘图,又转身看向了身后破旧的老屋,眉头紧锁,自语。

刘青:家里有钱供我读大学吗?

2. 夜　内　饭桌上

深夜,刘青的爸妈从果园里匆匆赶回家,一推开门就看到做好了饭菜的刘青坐在饭桌旁。

刘亮抹了一把额头上的汗珠,坐下端起碗筷。

刘亮：怎么还没吃饭？今早出门和你说了，吃饭不用等我俩，你还在长身体，要按时吃饭呀。

赵雪看了看默不作声的儿子，小心翼翼地问。

赵雪：青崽，是不是没考上？

刘亮听到这话，立刻停下了飞速扒拉着米饭的筷子，一双眼睛只盯着刘青。

刘青摇了摇头。

刘青：没有哩，我考上了，而且是被第一志愿楠大录取的！

刘亮放下手里的碗筷，高兴地拍着刘青的肩膀，笑。

刘亮：好小子，真给你爹长脸！考上了是件大喜事呀，你咋看着这么没精气神？

赵雪：是呀，怎么感觉你看着不太高兴呢？

刘青支支吾吾了半天也没说出原因，赵雪打开了信封，看见录取通知书下有本入学指南手册，其中有关缴纳学费的一页翘起了一个小角，便明白了。

3. 夜　内　卧室

赵雪：你晓得咱家孩子为啥考上了好大学但不作声吗？

刘亮：我就一种芒果的，哪里猜得到大学生的心思哩？

赵雪：你呀你，我今天打开了那装着录取通知书的信封，看见交学费那页折了个角，青崽应该是担心家里负担重。我洗完碗去看了一眼，和其他大学比起来这学费确实不高，但是照我们家的情况看，凑齐这学费怕是挺难的。

刘亮的眉头陡然皱起，转头盯着妻子赵雪。

刘亮：阿青这么争气考上了好大学，就算是砸锅卖铁，我也要圆了他的大学梦！

思索片刻后，刘亮放缓了神情，一拍大腿。

刘亮：有了，以后我每天早上把果园里的芒果挑到集市上卖，总是等大买主也不是个事。

赵雪：可是你这身子骨能吃得消吗？而且这乡里乡亲的家家户户都种芒果树，你就算是挑到人家家门口，别人都未必肯花钱买你的。

刘亮摇了摇手：哎呀，为了青崽，辛苦点算个啥。说不定俺在赶集路上还能遇到个大买家呢，要是总窝在院子里等，那要能等到什么时候？现在能卖一点是一点，先把青崽的学费凑出来再说。

站在窗外听到父母亲对话的刘青默默回到屋里，一夜无眠。

4．日　外　河边

太阳还没升起来，刘青来到了河边。呼哧呼哧的挖沙机阵阵作响，一旁的搬沙工人们都弯着腰盯着手里的一筐筐泥沙，无人理会是天光还是夜黑。

刘青走到了包工头胡祥的面前。

刘青：胡大爷好，我是刘青，您还记得我吗？

胡祥：哎呀，记得，当然记得！这不是咱们村里的状元郎吗？这天都还没亮，青崽不在被窝里睡觉，咋摸黑到这儿来了？

刘青：胡大爷，我想在您这帮忙搬沙，打打工。

胡祥：你好好的读书人搬什么沙子呀！这手是用来写好文章的，不是用来干苦力的。青崽你要是在这磕磕碰碰了，俺咋和你爸妈交代呀？

刘青：胡大爷，不瞒您说，我是想凑齐读大学的学费。我家一年就指着到头咱们村那些芒果了，但是等到了上市时间芒果卖出来了，就算是赚钱了，也早过了我开学报名的时间。家里砍柴挑水的活儿都是我做的，希望您能帮帮我，给我个工作机会，我一定保证完成任务。

胡祥：原来是这样子呀，咱们这儿的经济条件要供出来个大学生确实是不容易。俺也知道你做事踏实勤快，这样子吧，你明天就可以来上班了。但是有一点要注意——天亮了再来，你不会水，要是摸黑走夜路出了事，俺是真的负不起这个责任的。

刘青：好的，好的！胡大爷，真的太感谢您了，我明天一定按时到岗，听从您的安排！

5．日　内　办公室

刘青接到电话说村支书找他有事，便急忙赶到了村支书办公室门前。

刘青敲门。

李明：请进。

刘青进入办公室。

刘青：村支书好，听说您找我？

李明坐在凳子上招呼刘青。

李明：别紧张，来，过来坐。

刘青在李明身旁坐下。

李明：恭喜青崽考上了个好大学呀！你可是咱们村这么多年来的第一位大学生哩。

刘青：谢谢支书，我也是既意外又高兴。

李明：是这样的，我听说你为了凑学费去当了搬沙的临时工，我很欣赏你这股子劲儿，勤工俭学也是件好事。了解了你的情况，我发现你是可以申请办理国家本科生入学补助的。今天找你来，就是想告诉你这件事。如果申请通过了，你的学费压力会减轻很多。

刘青：实在是太感谢您了，我真的一度认为凑不上学费了，自个读不了大学了。

李明：你还只是个孩子，别什么事都自个扛着。遇到困难了不仅可以和爸妈商量，也可以来找我，咱们一起想办法，很多事情都能解决的。

刘青：真的太感谢您了！大家伙儿都信任您，也晓得支书您关心大家。您平时工作任务重，我也是怕耽误了您的正事，所以就没告诉您。

李明：哎呀，你这话就说得不对了。什么是正事？大家伙儿的事情就是我最重要的事，帮你们解决了问题，看着你们日子过得顺心，我也才能放心呀。

刘青：好的，我记住了。有困难，找支书！

李明：是哒，这就对了嘛。你看，这一页是我列出来的资料清单，你按照这个把所有需要的资料准备好，等送过来我就可以帮你录入提交了。

刘青：好的，那就麻烦您了。

李明摆了摆手：别客气，这是我的分内事。以后还有什么问题，可以第一时间来找我。

刘青：好！

6. 日　外　摊位

天微微亮，汗流浃背的刘亮将肩上的两筐芒果慢慢地卸了下来。

邻铺的张梅转头面向刘亮。

张梅：恭喜，恭喜！亮哥，听说你儿子刘青考上了好大学哩！这下你可以放心了吧。

刘亮：是呀，这小子真争气。他考上了这么好的学校，我是打心眼里高兴！不过你也晓得，大家伙儿种了二十多年的芒果，眼看着年年收获多了，但这价格却越来越低，生意也越来越难做。这不，为了凑齐青崽的大学学费，我把园里的芒果挑了出来摆在集市上，想着趁乡亲们赶集，能多卖一点儿是一点儿。

张梅摇了摇头，叹气。

张梅：嗐，这芒果的产量是上去了，但销量，愁啊。不过亮哥放心，咱们乡里乡亲的，大家都出力帮忙，青崽的学费肯定是有着落的。一个人的力量不大，咱们一起，还能供不起一个大学生吗？

刘亮：也是，办法总比困难多！尽力去做，问题总会得到解决的。谢谢老妹儿了。

张梅：咱俩都认识这么久了，跟俺还客气个什么劲儿呀。

街上赶集的人越来越多，许多乡亲围在刘亮家的摊位前，攀谈、挑选。

7. 夜　内　楼道

岁月如流，不知不觉中，刘青已经在楠大读了大半年书了。

如往常一样，刘青点开了新闻页面，一则"家乡芒果出现大规模滞销"的新闻紧紧地揪住了他的心。

看完新闻后，刘青着急地给父亲打电话。

刘青：爸，我在新闻上看到，芒果大规模滞销，咱们整个村都种芒果树，现在是个什么情况？

刘亮：怕你担心，就一直没告诉你。现在村里的情况很糟糕，已经到了芒果上市的时间了，但是没人来村里订购。全村的芒果长得这么好，烂在地里实在是太可惜了。本来种植、护理就投了好多钱，现在如果去摘的话还要再倒贴人工费，大家都没钱再投了。

刘青：那往年那些收购商呢？

刘亮：以前都是他们进村找我们看芒果，定下来后就交钱采摘送货。现在疫情，不光人进出不便，来找运货送货的车队也少了很多。没有收购商，怎么找得到别人买啊。

刘青：爸，你先别急，我这边也想想办法。

刘亮：好的，青崽，你读书多，看看有没有什么法子能解决。我们等你的消息。

8. 夜　内　宿舍

刘青放下电话，思索片刻后，拨通了黄平老师的电话。

刘青：老师好，我是学生刘青。

黄平：哎，刘青，你好。听你的语气有些着急，是出什么事了吗？

刘青：老师，是这样的。我们村常年种植的芒果品质好、汁水多。今年受疫情影响，村里的芒果出现了大规模的滞销，乡亲们的生计都受到了很大的影响。眼看着芒果烂在园里实在是可惜了，但是也不知道怎么解决这个棘手的问题。听说老师您之前做过助农项目，获得了很大的成就，想请您帮帮忙。

黄平：原来是这样。我最近有留意到相关的新闻，也想着找找办法帮助果农们渡过难关。

刘青：我之前在选修课上了解到了融媒体平台，平台的不断发展为"三农"自媒体提供了良好的成长机会，我有个初步的想法——采用"农民＋互联网＋乡村振兴"的形式，在网络上投放当地芒果的宣传信息和公众号推文进行宣传，让更多的人知道当地芒果物美价廉，吸引大家来村里购买。老师您觉得怎么样？

黄平：利用互联网扩大宣传范围是个好方法，成本也不高。不过，与其吸引消费者到村里购买，为什么不采用网购的形式呢？这样既充分利用了宣传渠道，又利用了购销渠道。你刚刚提到的"三农"自媒体是一个很好的突破点，互联网上视音频的传播速度比图片文本传播要快得多，我们可以在短视频平台上运营"三农"自媒体账号，拍摄、制作有关当地芒果的视频，更好地进行网络宣传。

刘青：老师您说得对！而且通过视频，消费者能够直观地看到当地芒果的品质，做到童叟无欺，让大家买得放心。除了拍摄视频，还可以设计可爱的芒果玩偶以及相关的文创产品，既能吸引关注，又能增加创收渠道。

黄平：想法很好！你可以把想法写出来，我们商讨打磨后就可以落地实践了。

刘青很激动：好的！谢谢老师！

（画外音）刘青的构想经过打磨后成了完整的构思模式，在黄老师的帮助下，"芒之子"账号在短视频平台广受关注，顺利为刘青的家乡解决了芒果滞销的难题。

9. 日　内　刘青家

（画外音）寒假放学，刘青回到了家乡。村支书听说后登门感谢。

咚咚咚，李明敲门。

刘青开门。

刘青：原来是李叔呀，外面冷，快进来。

李明：半年没见了，青崽长大了呀。

两人坐在客厅的长椅上。

刘青：多亏了当时您的帮助，要是没有补助，我可能就上不了大学了。

李明：我听乡亲们说，之前咱们的芒果卖不出去，是你在网上拍视频吸引网友帮忙卖出去的。不但解决了芒果销售难的问题，还卖了好多玩偶、手账本，给咱们村带来了好大一笔收入。娃娃真是长大了，咱们村以你为荣！

刘青：谢谢李叔夸奖，这是我应该做的。看着园里的芒果被一筐筐运出去，我心里才算是踏实了。

李明：我是这样想的，现在你还在读书，时间和精力都有限。如果能把你的想法铺开，做强做大，会不会更好？你的模式经验都是自己的知识成果，我们不能白拿，咨询费肯定是要保障到的。当然，这件事首先是尊重你的意思。

刘青：好呀，李叔。我也是这么想的，我在外地读书，无论是进行视频拍摄还是接受销售信息都会受到一些阻碍，有时候会心有余而力不足。但乡亲们离芒果近，而且有多年的销售经验了，如果能把这套模式在村里推广落实下来，给村里带来更大的收益，那就太好了。

李明：谢谢青崽呀，你为村里尽心尽力，大家都会感谢你的。

刘青：不过，咨询费就不用了，为村里做事情是应该的。李叔，这是我的整个思路构想以及针对上一次实践的总结反思，已经整理好了。我觉得我们可以在村里组建一个芒果"三农"自媒体团队，从不同方面进行深入宣传，这样既能使宣传成规模、成体系，又能够避免同质化竞争，实现资源的高效利用。

李明：好主意，等我认真读完了你的文件，咱们仔细商量后，写个可行的申请报告。

刘青：好嘞！

（画外音）在合作社和政府的帮助下，独具当地特色的"芒之子""三农"自媒体团队组建成功。李明村支书也抓住了"村主任+助农主播"的机会在新的领域拓宽了当地芒果的影响力。芒果的清香洋溢在村庄的每一个角落。村民们明白，正是大家一起努力建设美丽乡村，才有了这来之不易的幸福生活。

（剧终）

● 家乡与远方

狮舞岭南，振兴乡村

2022 级　高浩然

1. 日　外　恒隆商场开业现场

正午，日光照在恒隆商场外每一个人的脸上，让人情不自禁地皱起眉头。

突然，鼓声、锣声、镲声响作一团，在广场前的空地炸开了锅，原先在台下绑着腰带的武者腰一抬，胸一挺，双手扛起一个巨大的黄色狮头就三步并作两步地踏上舞台。

威武的狮头刚一上台，台下所有人的目光就齐刷刷地被狮头上亮晶晶的双眸、靓丽的毛发吸引，震撼、欣赏、羡慕的表情在人们脸上交相呼应。

在富有节奏感的鼓乐之下，只见狮子在台上左蹦右跳，上蹿下跳，一会做出个翻滚卧闪，一会做出个探步巡山，动作流畅，动感无限，高难度动作一个接一个，引得台下掌声四起，叫好连篇。不少孩子转头就向爸妈说道："我想学舞狮！"

不一会儿，狮子慢慢踱步到台中央的连环高杆上，一口气就踩着红色的木杆，一阶一阶地走到了最高处，一口气采下了代表吉祥的青菜，放到了人们手中，预示着新的一年红红火火、吉祥如意。

人群中，乐乐的目光被醒狮吸引。

乐乐：好帅呀，我也想学舞狮！

果果：就你？敢爬那么高的杆？我不信！

乐乐：等着瞧好了！

2. 傍晚　内　岭南醒狮馆

落日缓缓下坠，天色逐渐暗沉。夕阳在半空中摇曳出极美的霞光。

在醒狮馆内，乐乐双手颤颤巍巍地举着小狮头，看着面前逐层增高的木杆，双腿瑟瑟发抖，嘴角止不住地哆嗦。

醒狮国家级非遗传承人、岭南醒狮馆馆长黄钦添叉着腰，有点不耐烦。

黄钦添：乐乐，你说要酝酿一下，已经酝酿了十多分钟了，到底要等到啥时候才敢上高杆，太阳都下山了，勇敢一点！

果果：哈哈哈哈，我就说你不敢吧，我赌赢啦！你可以请我吃雪糕。

乐乐抬起头，深吸了一口气，可一踏上第一层台阶他就感觉双腿发软，四肢无力。正当他决定放弃时，黄钦添突然夺走他手中的狮头。

黄钦添：我来给你示范一下。

话音刚落，黄钦添如箭一般的身影就在乐乐眼前闪过，三步并作两步地跳上了台阶的最高处，狮口微张，马步扎实，气势凛然。

一束阳光正好从门口射进来，斑驳地洒在狮头上，狮子身上的鳞片经过反光，发出耀眼的光芒。

乐乐和果果呆若木鸡，目瞪口呆……

3. 夜　内　城中村

天色已经彻底黑了，黄醒的屋里亮着灯。黄醒一边用键盘敲着字，一边把手机靠在肩膀上用阿拉伯语与对方通话。

黄醒：您好！我们最近有一款新的喷漆产品，您看看有需要吗？我可以为您争取到最实惠的价格。

穆罕默德：暂时不用了，我们公司暂时没有更换的需求。

手机里传来一阵嘟嘟嘟的挂断声。

黄醒轻轻地叹了口气，接着拨通了下一个客户的电话，可结果依旧不太理想……客户们用各种各样的原因拒绝了他的推销，有些客户甚至接都不接直接挂断。

天空渐渐泛起了鱼肚白。打了一夜的电话，黄醒顿时觉得有些口干舌燥。

他拿起保温杯走到窗边，喃喃自语。

黄醒：二十年前，我离开家乡出来闯荡，决心实现财富自由就回去继承醒狮技艺，但混了这么久了，一点名堂都没做出来，到现在都还挤在这破地方里，连个像样的房子都没有，我怎么敢回去呢？

黄醒的手机突然震动了一下，打开手机一看，是父亲发来的消息：最近生意怎么样？

黄醒用颤抖的手关掉了手机，深深地叹了一口气。

他略微有些驼背的身影在万物苏醒的清晨显得格外落寞。

4. 日　内　岭南醒狮馆

果果的眼睛死死盯着眼前的高杆，双手紧紧地攥着狮头，在他的身后，作为狮尾的乐乐俯身把头牢牢地抵在果果的腰间。

乐乐：上啊果果，这是今天第七十八次尝试了，别不敢上高杆呀！

果果：我拼了！你抓紧我。

果果咬紧牙关，一脚踩在木杆上，张开双腿，开始往上迈步。

一级，两级，三级……

高度越来越高。

果果：太高了！我要下去！

果果突然停下，乐乐一时避让不及，从旁边摔了下来。

果果赶紧走到乐乐旁边扶他起来。

乐乐摸摸屁股。

乐乐：哎哟喂，疼死我了，为什么你有恐高症还学醒狮，高杆都不敢上。

果果：可是……可是我一到那么高的地方就头晕目眩，我也没办法啊。

乐乐：瞧你这怂样……干脆别学了。干吗还带上我？

果果站在原地，咬紧了嘴唇……

就在这时，黄钦添走了过来。

黄钦添：你们到现在还没掌握踩高杆的技术要领。踩高杆要求弓身探头……我最后再给你们演示一遍。

黄钦添随手拿起一个黑色的狮头，摆出舞狮的架势，霸气侧漏。

一步两步……黄钦添飞一般地踏上了好几级台阶，边上台阶还边做出眨眼、弯腰、探头等动作，就像狮子真的活了起来一样。

黄钦添边演示边指导：上高杆的时候脚要轻点杆子，力从杆子传向全身。看好了……

不一会儿，师傅就踩到了最高一级台阶，狮头耸立，傲视众生。这时黄钦添跳起的高度已经达到了2层楼高。

师傅正要探出头教导徒弟们动作要领，突然，他一阵头晕目眩，从高杆上摔了下去……

5. 日　内　医院

黄醒终于气喘吁吁地赶到诊室门口，一推开门，看到了脸色虚弱、嘴唇发白的父亲。黄钦添在病床上侧过头，看到儿子的面庞，立马瞪大了眼睛。

黄钦添：你怎么来了，赶紧忙你的生意去，我这老骨头还好得很，不用你操心，走走走……

大师兄黄正赶紧按住黄师傅的肩膀。

黄正：您别激动，医生说要静养。

紧接着，大师兄又扭过头对着黄醒。

黄正：过年的时候你都不回来，怎么师傅伤成这样了才肯回来。

黄醒赶紧走上前，用双手紧紧攥住父亲的手。

黄钦添：回来就好，回来就好……

看到父亲身体暂无大碍，黄醒这才缓过神来，环顾四周，看见大家都在。甚至在外打拼多年，忙于创办传媒公司的大师兄黄正也回来了。

黄正：阿醒啊阿醒，从小就这么调皮，老是在外面，连家都不要了？这次幸好垫子够软，而且师傅掉下来的时候没有头着地。但以后怎么办，师傅年纪这么大了，怎么还能让他做这么危险的动作呢？要是下一次还出现这种事情的话，你可能就没爸爸了……还出去做什么国际贸易，做了这么久也没见你有啥成就，不如回来继承醒狮馆吧。这里虽小，但好歹有个家。

黄醒：爸，您怎么亲自上高杆呀。师兄师姐们呢？他们不在吗？

黄钦添：唉，都散了啊，一开始大家都在的，但这些年大家上班的上班，结婚的结婚，谁还有空来教舞狮呢？只能我亲自打理了，我这身子骨虽然不如当年有劲，但还硬朗着呢！拼了老命倒还教得七七八八，只是现在这年头，学舞狮又赚不到钱，学生越来越少咯。你呢，就在外面好好打拼，等你赚到大钱了，财富自由了，那时候再回来也无妨，这里有我一直陪着……

话还没说完，黄钦添就狠狠地咳嗽了起来。

黄醒赶紧轻抚父亲的背。

黄醒：爸，您别激动，我听着呢。

黄正：阿醒，你真的忍心让师傅一个人在醒狮馆？你原谅我说话有点直，你说你这在外面混了十多年了，天天老外这老外那的，实在不行你就回来吧。这些年来，师弟师妹们都去忙自己的事业了，我也还有公司要打理，醒狮馆青黄不接，就师傅一个人打理，学员也越来越少，再这样下去，醒狮技艺恐怕是要失传啊！

黄醒：爸，这……向外国人推荐中国产品，是我一直以来的梦想。虽然现在生意一般，但把国货卖到外国去的那一刻，我真的很开心。而且我就这样回来了……什么成就也没有，会给您丢脸的。

黄钦添：醒儿你别听他胡说，当初你说要出去闯一闯，我们就知道你有你的梦想，你有你的追求，我当时十分支持你，直到现在也是。但你要是实在想回来了，我们无论何时都无比欢迎你，醒狮馆永远是你的家。

黄醒热泪盈眶。

6. 日　内　岭南醒狮馆

黄醒站在醒狮馆的高杆前，感慨万千。

黄正：阿醒，你怎么一个人在这。

黄醒：师兄，我是想起了当年，我特别恐高，一站到高杆上就头晕目眩……对了，你怎么来了？

黄正：原谅我刚才说话有点直啊，阿醒，但我说的都是真心话，都是为你好。

黄醒：没事，师兄，这些年我做国际贸易确实不太理想，和我当初想的太不一样了。十年前我大学刚毕业那会，下定决心一定要离开武馆，离开这个偏远的小乡村，去大城市里闯一闯，去高楼大厦闯出一番天地来！还发誓不实现财富自由绝不回来，师傅还特别支持我，觉得年轻人就是要在外面闯一闯，现在看来，是我太天真了。也不知道什么时候才能衣锦还乡……

黄正突然拿起一个黄色的"狮头"，捧到黄醒面前。

黄正：傻孩子，别说那么多了，来和我练练吧。当年的招式还记得吗？来！你做"狮头"，我做"狮尾"。

黄醒一笑：当然记得！

不一会儿，一头泛着金光、神采奕奕的"狮子"在醒狮馆昂扬而立，在无数个高杆上翻山越岭，在一个又一个平地上摸爬滚打。那头"狮子"就像活了过来一样，在偌大的场地翻腾旋转……舞了好一会，才停下来。

黄正：阿醒，你总是说自己生意不好，产品没有竞争力。但你看啊，你现在向外国人推销的是产品，但是这些产品的特点在哪里呢？你有想过吗？

黄醒：这……我还真没有想过。

黄正：你有没有想过向外国人推销文化呢？在我看来，最具有特色的产品就是我们的文化，那些中华民族传承千年的优秀传统文化，那些具有中华民族特色的非物质文化遗产，那些蕴含着中华优秀文化元素的产品……物质的交易是暂时的，但心灵的交换是永恒的。我想，这些才是有独特价值和独特魅力的东西。如果只卖产品，或许一时能打动他们的钱包，但如果我们试着向他们推荐我们的文化，那不就能打动他们的心灵了吗？

黄醒：推荐文化？给产品赋予文化价值……

黄正：你看我们这个醒狮馆，这些国家级非物质文化遗产，这些漂亮的"狮头"，这些鼓锣钹镲，不都是文化嘛，这叫作——远在天边，近在眼前！

黄醒的眼睛亮了。

黄正：你做贸易做了那么久，但无论如何，你总得回来吧。不然醒狮该由谁来传承呢？不能让这传承了千年的技艺凋敝在钢筋水泥之中。在我看来，存留好自己本土的东西，方才是重中之重。再说了，现在国家正在大力推广乡村振兴政策，许多乡亲因此脱贫，还开创出了新的产业路径，乡村也急需各种人才，你看隔壁那名牌大学毕业的高材生，不也是回到乡村助力兴农富农嘛。像你这样的人才回到乡村，在国家的政策、政府的支持下，你肯定能有一番作为。实在不行，你把办公室搬到醒狮馆这……大家可都等着你回来呢！

黄正爽朗地笑，拍拍黄醒的肩膀。

阳光洒在二人的肩头，格外灿烂。

黄醒若有所思。

7. 一组镜头

日暮西山，风吹着家乡的稻草，晚霞洒在稻花上。

黄醒独自一人站在稻花丛中，风拂过他的头发。

黄醒蹚过小时候常走过的河流，从高山上俯瞰整个乡村，有些恍惚。

黄醒站在醒狮馆前，看着已然布满岁月痕迹的"自强不息"牌匾。

黄醒拿起鼓槌，慢慢敲出南狮的鼓点……

8. 日　内　岭南醒狮馆

黄钦添痊愈之后，回到武馆继续醒狮教学。

可"抬手上挑"这个动作乐乐怎么也学不会，把握不了要领，急得直冒汗，师傅走上前准备拿过狮头亲自示范。

突然，狮头被另一双手接了过来。

黄醒：爸，我来吧，您去休息。

黄醒转身面向乐乐。

黄醒：上挑这个动作的核心在于全身的重心都要随着手而往上抬。只有这样，才有一种飞扬的感觉，你看我再演示一遍……

说罢，黄醒摆好架势，来了个漂亮的抬手上挑。乐乐满眼放光。

黄钦添瞪大了眼睛，十分惊讶。

黄钦添：你……你什么时候回来的？你这臭小子，回来了也不告诉我一声，这么多年了本事还在，不错，不愧是我黄钦添的儿子。那既然回来了，就不会再回去了吧？

黄醒：爸，我想清楚了，中华优秀传统文化才是中华民族的根脉，咱们醒狮融合了英雄崇拜和尚武精神，凝集了采青中的娱乐喜庆、求吉求财和迎难而上的斗志，展现中华民族的勤劳勇敢和智慧，其精神力量是巨大的。如果能把醒狮的精髓传承出去，那我将打算在老家好好发展！把办公室搬到醒狮馆，一边和外国人做生意，一边传承好醒狮非遗，让咱们醒狮——发扬光大！

黄钦添拍了拍儿子的肩，露出了前所未有的灿烂的笑容。

黄钦添：好！醒狮馆终于要后继有人了！

黄醒轻轻扶着黄钦添，把他搀扶到椅子上。

黄醒：爸，您好好休息，这帮孩子就交给我吧！您放心，我肯定把他们的动作收拾得漂漂亮亮的。

说罢，黄醒就走到乐乐身边。

黄醒：你是叫乐乐对吧？听说你有点恐高？没事，我当时比你还害怕，我一看到高杆就双脚发抖，走不动路。后来还是师傅说要拿皮带抽我我才颤颤巍巍地上去的。没想到最后竟然不怕了。

乐乐：师兄，你是怎么做到不怕的呀？

黄醒指了指最高的木杆。

黄醒：关键在于领悟醒狮精神的寓意。咱们醒狮讲究"自强不息"，追求人狮合一。只有把自己想象成睥睨天下的狮子，才能打心底里获得向上的力量。

乐乐：那我一个人试试看。

乐乐慢慢地踩上了第一层，然后是第二层，心里想：我是雄狮，我是雄狮，我是雄狮……

当乐乐踩上第三层时，他的腿开始颤抖了。

乐乐：师兄，我害怕……我要下来了。

乐乐又转身下了高杆，挑战失败。

黄醒走到乐乐身边，温柔地说：其实醒狮是要靠两个人配合完成的，讲究团结协作的精神，这次你做"狮头"，我做"狮尾"，你感受我双手放在你腰间时来自同伴的力量。试试看！

乐乐摆好"狮头"的架势，黄醒弯下身子，把头抵在乐乐腰间。

乐乐深吸一口气颤颤巍巍地踩到了第四层。

乐乐：团结协作……团结协作……团结协作……

第五层……第六层，乐乐慢慢地爬到了最高一层。

乐乐：师兄！我好像没那么怕了。

黄醒：你现在什么感觉？

乐乐：我感觉我好自由！就像在蓝天上飞翔一样！原来这就是"自强不息、团结协作"的力量。

黄钦添师傅看着克服了恐高的乐乐，由衷地笑了。

9. 夜　内　岭南醒狮馆

晚上，结束完一天的教学，徒弟们都陆陆续续地回家了。

醒狮馆只剩下黄醒和黄钦添两父子。

黄醒擦了擦头上的汗，走到茶桌边为父亲沏茶。

黄醒：爸，馆里的人怎么少了这么多。以前有很多人。

黄钦添：唉，上学的学业压力太大，上班的生活压力太大，谁还有时间来练醒狮？再加上大家都觉得练醒狮没什么用，很少有人能意识到醒狮内在的精神底蕴，都觉得醒狮没用，现在可谓是醒狮沉寂，拳馆冷落咯。

黄醒：我真的没想到事情会这样，以前的醒狮馆人满为患，甚至室内练习空间不够，要到室外的空地进行练习，每日来围观醒狮练习和表演的街坊和观众数不胜数。许多人一看完醒狮表演就到武馆报名学习了。如今武馆竟然如此冷清，难道非遗已经过时了吗？中华优秀传统文化该如何传承呢？

黄钦添沉默了。

深夜，屋外的虫鸣声格外醒目。

黄醒：我再想想办法吧，时候不早了，外国那边正好是白天，我先去直播带货了。

黄钦添：直播……带货——是什么？

黄醒：是最近新兴的一种销售模式，通过主播介绍和推荐产品的方式销售，消费者可以直观地看到物品，并且直接线上下单，可方便了，是大师兄教我的……

黄钦添：那你这个直播带货能带醒狮吗？

黄醒眼前一亮

黄醒：对啊！我怎么也没想到呢。醒狮本来就是富有中国特色，充满美感和魅力的东西，如果能在直播间进行推广，一定可以吸引外国人的目光，借此发扬醒狮文化！还可以顺便带动醒狮周边产品，通过"一带一路"把醒狮送往世界！

黄钦添：太好了！那我们就可以通过文化产业振兴乡村，以创新传媒向世界传播醒狮文化。醒狮终于有救了！那我们什么时候开始直播？

黄醒：现在！

10. 夜　内　线上直播间

黄醒：各位观众朋友们大家好！今天我们直播间有一个与众不同的标题，"非遗醒狮专场直播"。以往我们向大家介绍的大多是来自中国的物美价廉的商品，今天，我们要为大家带来的是传承千年的中国非物质文化遗产——醒狮。

说罢，黄钦添拿着一黄一红两个"狮头"走入镜头。

黄醒用英语响亮地介绍醒狮。

黄醒：醒狮起源于中国广东南海，历史上由唐代宫廷狮子舞脱胎而来，传说古时佛山出现过一头怪兽，年年岁末就出来糟蹋庄稼，伤害人畜。乡民为避其害，就用竹篾扎架，彩绘成多头假狮子，当怪兽出现时，就锣鼓齐鸣，舞动假狮，怪兽见后惊恐而遁。从此，乡民相信狮子有驱邪镇恶之功，便于每年春节敲锣打鼓，扎狮演舞，并挨家挨户拜年，以求消灾除祟，祝贺吉祥。后来中国人逐渐接受以"醒狮"作为中国的象征，"醒狮"也成为中国人争取民族自强的象征，远播海内外。接下来，我和我父亲将为大家进行醒狮表演。

黄醒和黄钦添摆好架势，在直播间开始了醒狮表演。"狮子"就像活了一样舞动了起来，一会爬上红色的凳子，一会登上几层楼高的木杆，灵动自如，虎虎生威，引得直播间评论频频刷屏。

不一会，直播间的人数就开始飙升，从一开始的几十人升到了几千人，上万人，十几万人，几十万人……

英国用户约翰：这实在是太帅了！

澳大利亚用户里德：这就是中华传统文化吗？

德国用户威廉：我好喜欢这个鼓点！太激动人心了！

法国用户波恩：这个狮头好好看！我要买一个摆在家里辟邪。

……

直播间的评论区一层更比一层高，大家纷纷被精彩的醒狮表演所折服。

黄醒：各位直播间的小伙伴们，点击下方链接即可购买我们的狮头，既可以放在家中辟邪，也可以用于观赏。我们还有各种配套产品，比如锣鼓、腰带、练功服……我们直接对接传承人工作室和工厂，以最低的价格回馈客户，欢迎大家购买！

直播间里的销售额慢慢增长，黄醒和黄钦添两父子激动地笑了。

黄醒：非常感谢大家的支持。明天，我们将会进行醒狮的教学，欢迎大家前来了解和学习中华优秀传统文化。我们不见不散！

11. 日　内　岭南醒狮馆

第二天，黄醒在国内外同步开启了醒狮教学的直播，带着馆内十几名徒弟一齐向国际观众展示国家级非遗——醒狮。

醒狮直播在网上引起热烈反响，点赞转发接踵而至，甚至还得到了官方媒体的转发，盛况空前。馆里的学员也慢慢多了起来，他们都是看了直播之后慕名前来醒狮馆学习的。

12. 日　内　岭南醒狮馆休息室

刚结束直播，黄醒还没来得及擦汗，手机就响了起来。

黄醒：喂，你好，这里是黄氏醒狮馆。

手机里传来阿拉伯语：请问你是黄醒吗？

黄醒一看手机，原来是穆罕默德，于是又说起了阿拉伯语。

黄醒：您好，我是黄醒，之前的喷漆材料您还需要吗？我这边……

穆罕默德：喷漆材料我不需要了，我想问问你们这里有没有一种叫作"XingShi"的东西。就是有个来自中国的直播里提到的，最近在我们这里火遍了大街小巷，很多人都在找醒狮相关的产品，您看看能不能联系到那个主播以市场价给我们提供产品。

黄醒：您说的是"醒狮"吧，您看到的直播正是我主播的，我们这里就是醒狮馆。您是需要狮头和锣鼓吗？

穆罕默德：太巧了，原来就是你！不仅是这些，还有不少顾客问我有没有醒狮相关的文创产品，比如有醒狮元素的狮头、项链、摆件、手办、明信片、水杯等等，他们特别喜欢。这些东西在我们这里特别有市场……

黄醒抬起头，看着人头攒动的醒狮馆，几枚挂在墙上的崭新的狮头泛着耀眼的光芒，他情不自禁地笑了，笑得很灿烂。

13．一组镜头

醒狮潮的春风吹遍了大江南北。

扎狮传承人工作室里，传承人们正在一针一线地制作着形态各异的狮头，聚精会神。

传媒工作室里，设计师们正在纸上写写画画，一个个具有醒狮元素的文创产品跃然纸上。

木具工厂里，一个又一个木头被切割成高低起伏的木桩，随后被送去喷漆厂染成红色。

织布厂里，一件又一件印有醒狮元素的衣服被缝制出来，大大的狮头图案占据整件衣服。

列车飞驰，一套又一套"狮头"、表演服、乐器和周边产品通过一带一路被送向中东、西欧……

武馆里的学生越来越多，从一开始的只有一两个，到大街小巷都布满了练习舞狮的人群。

锣鼓喧天，醒狮的鼓点敲进每一个人的心中。

14．日　外　岭南醒狮馆

正在练习舞狮的人们突然被一群特殊的访客吸引了目光。

乐乐：师傅！有外国人诶。

黄醒抬头一看，一帮外国人正三五成群朝醒狮馆走来。他定睛一看，领头的竟然是穆罕默德。黄醒有些诧异地迎了上去。

黄醒：您怎么来了？我们这儿正在进行醒狮的教学呢。

穆罕默德：我们一直跟着您的直播进行练习，到现在也还算像模像样，可有几个动作一直掌握不好，也掌握不到舞狮的精髓，打出来总是怪怪的，所以我们组团从阿拉伯飞过来，想向您正式拜师学艺，学习醒狮。不知道您肯不肯收我这个外国弟子呢？

黄醒：当然可以了！我亲爱的外国友人。

黄醒用阿拉伯语向来自沙特阿拉伯的友人讲解醒狮动作。

黄醒：醒狮动作多以南拳马步为主，狮子动作有"睁眼""洗须""舔身""抖毛"等，主要套路有"采青""高台饮水""狮子吐球""踩梅花桩"等。其中"采青"是醒狮的精髓，有起、承、转、合等过程，具戏剧性和故事性。今天我们要学习的，就是"采青"这一动作。

穆罕默德：原来是这样，中华文化真是博大精深啊！

随着太阳渐渐西沉，晚霞映照在热闹的广场上，狮舞的节奏伴随着锣鼓声更加激昂。舞狮者身着鲜艳的服装，狮头下是他们坚定而专注的眼神。他们在舞动中绽放出无与伦比的力量与优雅，每一个动作都充满了力量和热情。

在人群中，家长们的眼神中流露出深深的欣赏与好奇。他们相互交流着，讨论如何让自己的孩子加入到这项传统艺术的学习中。

一位家长：看看那舞狮，多么精彩！他们的身体平衡做得太好了。我听说，舞狮不仅可以增强体质，还能提高孩子们的协调能力和坚忍的意志，这对他们的成长非常重要。

另一位家长：没错，舞狮不单是一种运动，它更是我们民族的优秀传统文化。孩子们通过学习舞狮，不仅能根植于我们深厚的文化土壤，还能培养出更强烈的爱国情怀。

此时，孩子们的眼中闪耀着激动的光芒，他们激动地讨论着每一个舞狮动作的细节，模仿着狮子的姿态。

一位小女孩：舞狮真的能让我们变得更加强壮吗？

一个小男孩：当然了！爸爸告诉我，舞狮不仅可以锻炼我们的身体，还能磨炼我们的意志，帮助我们未来面对更多挑战！

孩子们的脸上充满了渴望和向往。

一个男孩：妈妈，我也想报名学舞狮！

又一个男孩：我要成为醒狮班的一员，我要传承我们的传统文化！

孩子们越来越激动，甚至跟着狮子舞动的旋律手舞足蹈地动了起来，吸引了观众们的目光。

看到孩子们如此捧场，黄钦添走了过来。

黄钦添：孩子，你正在学的这个动作叫抬手探步，要注意手举过头顶，身体重心向前，这样才好看。

孩子们恍然大悟。

黄钦添站在醒狮场地旁，目光深邃地望向大家。

黄钦添：实际上，那些学习醒狮的学员，无一例外地在身体协调性和健康上都有了显著的提升。但这仅仅是表面的收获。更重要的是，醒狮作为国家级非物质文化遗产，它所蕴含的不仅仅是动作上的勇猛和华丽，更深层次的是勇武精神和团结协作的内涵。这些精神，是我们中华民族宝贵的精神财富，是我们传承下去的责任……

黄昏缓缓降临，狮舞渐渐落幕，但人们的热情依旧高涨。舞狮不仅成为了这个晚上的亮点，也成为了孩子们心中新的梦想和家长们心中新的期待，更成为了乡村振兴的起点与希望。

15. 一组镜头

醒狮馆里多了一道亮丽的风景线——一群金发碧眼的外国人跟着黄醒，一板一眼地学习着碎步、抢步，练习着移步、扣步等一个个醒狮步法……

日出时分，黄家村的清晨被渐渐聚集的游客的热闹打破。他们兴奋地走进岭南醒狮馆，一边欣赏着精彩的醒狮表演，一边在导游的讲解下了解醒狮文化的深厚内涵。

村中小店，热情的店主展示着各式各样的醒狮创意产品，每一件都融合了传统工艺与现代设计。游客们好奇地围观，不时发出惊叹。他们挑选着心仪的纪念品，带着满满的收获离开。

夕阳西下，黄家村的小巷中灯火通明，游客们在古朴的街道上悠闲漫步，尽情享受这片文化的海洋。孩童们在村角嬉戏，身着醒狮装扮，模仿着舞狮的动作，脸上洋溢着纯真的笑容。

夜幕降临，岭南醒狮馆的门前依旧热闹。游客们在村民的热情招待下，分享着他们对醒狮文化的理解和感悟，黄家村在这样的交流与分享中，渐渐成为了传统文化的一个活生生的传承地。

16. 日　外　岭南醒狮馆

新年的钟声慢慢敲响，醒狮馆的弟子们都纷纷从外地回乡，齐齐聚在师傅身旁。酒足饭饱之后，众人开始了闲聊。

黄醒敬了大师兄黄正一杯。

黄醒：大师兄啊，你看看武馆现在的盛况，连过年这种时候来黄家村参观的游客都络绎不绝。大家都来看醒狮表演，讨个喜庆，还捎了一堆醒狮产品，放在家里，图个吉祥。这一年来，我们把醒狮旅游和文创产业相结合，让黄家村成为了国内最大的醒狮文化创意产业园。不仅如此，醒狮产品也通过"一带一路"畅销海内外，让醒狮"自强不息"的精神走向世界。

黄钦添：你们这一年干的事情可真不少。

黄正：阿醒，你不仅发扬醒狮文化，而且还借助文化产业，让醒狮热潮的春风惠及全村，让村里人有事可做，不仅让钱包鼓了起来，还让大家获得了幸福感、满足感，真是好样的！你太让我骄傲了。

黄钦添也笑。

黄醒：不敢当，我只是做了我该做的事情。醒狮既是我父亲所托，也是陪伴我成长、塑造我灵魂的文化导师。能用贸易和文化产业将醒狮发扬光大，也是我的荣幸。还得多亏了是师兄当初劝我回来，实在是贵人多劳呐。

就在这时，黄正的电话突然响了起来，一看，原来是文化局副局长文兴打来的。

黄正：文局长！您好！

文兴：你好，很抱歉这种时候打扰你，不过是个好消息。最近文化局打算以民间非遗为原型，编创一部大型舞剧，在全球各大剧院巡演。目的是通过文化产业促进乡村振兴，同时扩大岭南文化影响力。我们正打算和传媒公司、民间非遗传承人进行三方合作。经过我们的讨论，决定选择岭南醒狮作为主要创作对象。届时演出等一切收入将用于投入乡村振兴事业。

黄正：那太好了，我们传媒公司有专业的团队参与拍摄、排练和推广。醒狮馆更是有几百名弟子可以参与舞剧当中，其中不乏作家协会的会员，想必一定能够贡献出精彩的剧本，展现出完美的表演！

文兴：那可真是太感谢你了，推进优秀传统文化的创造性转化、创新性发展，是文化传承发展工作的重中之重。听说你们还将醒狮和国际贸易、文化旅游等结合起来，让不少村民因醒狮而富起来，还通过直播将醒狮技艺传授到了海外，利用"一带一路"进行了文化输出，真是青年有为啊！可谓是以创新方式振兴乡村的典范啊。

黄正：您放心！我们一定竭尽全力，不辱使命，让醒狮文化的车轮越走越远，让乡村振兴的路子更加宽阔！

文兴：我相信你们一定能做到！对了，前两天看你们的项目汇报里面还提到了动作捕捉，这是在？……

黄正：现在国家不是提倡"非遗进校园"嘛，所以我们就打算做一套用于"醒狮进校园"的课间操。为了让孩子们更有兴趣，我们团队就请来了动作捕捉技术团队，希望联合制作一套武术操动画。到时候，我们还打算投放到海外，用人们喜闻乐见的方式宣传我们非遗醒狮！现在我们正在对醒狮动作进行精准捕捉。

文兴：好啊……你们为岭南醒狮文化的创新传承，交出了一份优异的答卷啊！

挂了电话，黄正激动地拿起酒杯一饮而尽：真是个好消息啊！

黄醒：是啊！正好新年的钟声即将敲响，我祝愿新的一年醒狮能通过"一带一路"走向更多国家，振兴乡村！

黄正：我祝愿醒狮能够通过跨界创新，让乡村文化产业更加繁荣！

黄钦添：我祝愿醒狮文化能被更好地传承，"自强不息"的醒狮精神永存！

醒狮馆的所有人：新年快乐！

零点的钟声正好敲响，烟花升上天空，在寂静的夜空绚烂地绽放，无比动人。

黄醒：这么一个里程碑的时刻，不如我们把狮子舞起来吧！

黄钦添笑着说：别忘了，现在已经深夜，我们的热情可别吵醒了邻居们。我们的文化是和谐的，不是嘈杂的。

弟子们兴奋地拿起狮头，轻声议论。

二师兄：用掌声代替鼓声吧，轻轻地！

三师兄：对，我们的手掌就是最好的锣鼓，轻轻拍手，让心跳成为音乐的节奏。

黄醒领着大家开始了表演。他轻盈地扭动着身体，狮头随之跳跃，犹如一只真正的狮子。

黄醒：跟我来，感受这节奏，感受醒狮的灵魂。

大家开始用轻盈的脚步和手掌拍击，创造出一种轻柔却充满力量的节奏。

黄醒随着节奏做出更加复杂的动作，狮子在夜色中穿梭。

黄正：看，它在跳跃，它在旋转，这就是我们的文化，我们的骄傲！

表演达到高潮，黄醒做出一个高难度的动作，狮子在空中翻转，然后优雅着陆。

黄醒喘息着，满脸的自豪。

黄醒：这就是我们的舞蹈，我们的传承！今晚，我们所有人都是这传承的一部分！

黄钦添：是啊，我们的文化，我们的传统，永远活在我们的心中。

17. 日　外　岭南醒狮馆外的乡村道路与广场

黄醒操着狮头钻出了武馆，众人纷纷鱼贯而出，没想到街上无比热闹，无数人涌入乡村广场与道路，参与以醒狮为特色的乡村跨年游行之中。

新一轮烟花升上天空，狮子在人群中央恣意舞动，把祝福洒向世界。

再见，小城

2020 级　刘沛然

（一）

　　我离开小城的那天，天空干净得一尘不染。几朵棉花糖一样的白云浮在天空中，阳光穿过树叶间的缝隙，洒向地面。虽是初秋，但清晨的风已经夹杂了几分凉意，让人觉得神清气爽。我爱北方这样凉爽的秋季，更爱北方的这座小城——邢台。

　　再一次踏上了返回广州的高铁，内心感慨万千。不知道为什么，越长大，越不想离开家。总觉得快两个月的暑假恍惚间就过完了，觉得在这座小城里，还有很多想见的人还没有见，还有很多想去的地方没有去，而下一次见面，又要半年后了。

　　列车一路向南，头也不回地带着我离开故乡。车窗外的太阳一点一点地变得炽热，光芒也愈发晃眼，照在半边脸上，竟有点火辣辣的痛。我伸手把窗帘拉下，不禁一声叹息。这还没过秦岭淮河线，我却已经开始思念家乡。

　　都说故乡是最能牵动人心的地方，我现在才真正体会到了这句话。

　　我的故乡，我的小城，有着我深爱的人，我会一直牵挂，一直留恋。

（二）

　　临行前三天，姨妈叫我去家里吃饭，说是要给我送行。

　　从儿时起，我就整天黏着姨妈，姨妈更是喜欢带着我玩。那时候妈妈总开玩笑说："姨妈都快赶上妈妈了！"我赶紧说："你们姐妹情深，我们母女情深，等量转换，我和姨妈自然也是彼此情深！"不过那时我没想到，后来，姨妈在我的生命里，竟真的扮演上了妈妈的角色。

十八岁那年，妈妈患了胃癌，全力以赴挺过了两年，终于还是离开了我们。今年，是妈妈去世的第一年。妈妈走后，我便真的把姨妈当成了妈妈一般的人。

在姨妈家，总能看到姨妈给我准备各种各样的零食。都是我爱吃的，有枣泥糕、冻干山楂、生巧……我既开心又感动，笑得跟个孩子一样。虽然二十岁了，但在姨妈眼里，我永远还是那个喜欢吃零食的孩子。

记得去姨妈家那天，刚好赶上我来月经。姨妈知道我一直痛经，早早给我倒好她提前熬好的红枣陈皮水。我迫不及待一杯喝下去，全身暖暖的。枣泥糕是从冰箱里拿出来的，我拿起来就要往嘴里放，结果被姨妈打了手，硬是要我晾一晾再吃。看我太想吃，姨妈便说："那你吃一口，别咽，然后喝口热水冲一冲，一起咽。"说这话的时候，姨妈就像哄自己的孩子一样。我乖乖地听姨妈的话，满足地吃着又凉又暖的枣泥糕。

妈妈走后，我总觉得女孩子的私事儿不好和爸爸说太多，便干脆选择不说。每次痛经，大多都是自己忍着。有时候也会因为经常想妈妈给我做的红糖饼而落泪。妈妈在的时候，即使痛经，也是不怕的。可那天，我喝着姨妈熬的红糖陈皮水，突然就红了眼眶，大概是因为找到了妈妈的影子吧。

那天晚上，姨妈还带着我逛夜市。很久没有走过这样有烟火气的地方了。暖黄色的灯光一盏一盏地亮了起来，各种各样的摊铺都摆了出来，小街上都是饭后闲逛、想寻些小吃的人。背心、短裤、人字拖，悠闲而舒适。这样的画面或许只有在小城里才能看到吧。在繁华的大都市里，这样的场景总归是不易找寻的。

姨妈问我想吃些什么，我正寻思，恰好抬头看到了炸糖糕。小时候总爱吃炸糖糕。冒着热气的糖糕，外皮酥脆，内馅软糯，一口下去，糖汁将糯米包围，那口感岂是一个"妙哉"可言？原本想着随便哪个小铺买一个糖糕就好，可是姨妈不肯，偏要带我找红糖的，白糖的一概不要，说是红糖吃下去才暖胃暖肚，可以缓解痛经。为了一小块糖糕，我们走了大半条小吃街。

因为姨妈，我对这所小城的眷恋多了几分。

（三）

临行之前自然是要去看姥姥的。

姥姥今年快八十了，笑起来眼睛总会眯成一条缝，用"慈祥"一词形容再合适不过了。儿时，总爱吃姥姥做的饭，炒馒头、炖排骨、炸酱面……那时候觉得，只有姥姥做的饭才最有家的味道。小时候还总喜欢和妹妹争宠，总觉得姥姥对妹妹的爱要比对我多。那时一想到这层，就会伤心好久。如今想来，哪有什么多少，我们都是姥姥极爱的人。

姥姥的个子不高，因为年轻的时候受过伤，所以有点驼背。小时候我总爱和姥姥比身高。不知不觉，我的个子慢慢赶上了姥姥，现在，竟已经超过姥姥一头了。人人都说时间无痕，其实怎会无痕，这一点一滴，我越来越比姥姥高，都是岁月留下的痕迹啊。

那天，姥姥坐在沙发上看着我，叹气着感叹："还没好好给你做顿饭呢，怎么就开学了呀？"也许在我们眼里，半年、一年过得是极快的，但在老人眼里，以"年"为计量的时间一定是极为漫长的。看着姥姥深情的目光，我心里生出了几分愧疚。一个暑假自己都在忙东忙西，忙着考驾照，忙着做实践作业，忙着一堆堆自己认为很重要的事情，却唯独没有去抽出几天去陪陪姥姥。

离开姥姥家的时候，姥姥走进卧室拿出一个红包。姥姥说："你开学了，姥姥给你补贴点儿，钱不多，就拿去买自己喜欢吃的东西吧。"我连连摆手说不要，最后还是被姥姥强塞进了手里。那个红包很重很重，重到我拿着的时候，感觉自己无法迈开步子，离开姥姥的家。我的眼睛早已湿润。我明明已经二十了，但是在姥姥眼里，依然是那个需要给红包的孩子。

那天，我给男朋友发了这样一句话：希望有一天，我也能给姥姥发红包。也希望那一天，可以快点来到。

因为姥姥，我对小城的眷恋又多了几分。

（四）

临行之前，还和爸爸一起去看了妈妈。

小时候害怕高高的树林里有墓碑，害怕世界上有鬼。直到后来，最爱我的那个人躺在了里面，我便再也不怕了。反倒还觉得，高大的树木能给我足够的安全感。

把鲜花放在妈妈面前，望着墓碑上那熟悉得不能再熟悉的名字，我的内心已经被回忆的潮水淹没了。亲爱的妈妈啊，我一直想不通，怎么上天就偏偏要你过去，让你离开深爱的我们。

想不通的事儿，暂且就先不想了吧。

去看妈妈之前，我总觉得有一肚子的话要对妈妈说，可真的站在那里，却什么也说不出来了。我静静地站了许久，忽地就不受控制地说出了一句："妈妈，我想你啊。"说完泪滴就大颗大颗地顺着脸颊滚了下来。

妈妈们都有个通病，只要你说了哪样菜好吃，她们就频繁地煮着那道菜，直到你吃到厌烦，吃到埋怨了为止。其实，她们这辈子，就是在拼命地把她们觉得好的都给你，全都给你。她们只是爱得不知所措了而已。

那天，在妈妈的墓碑前站了很久很久，我却始终没有敢转头看爸爸一眼。我怕看到我心中这个高高大大的男人脆弱的一面。我知道，外表很坚强的我，再经不起任何打击，哪怕那些打击，在别人看来，不值一提。

妈妈走后，我和爸爸的生活虽然略显单调，但也温暖。

记得那晚和爸爸散步，爸爸还是像小时候接我放学一样拿过我身后的双肩包，背在他自己的身上；也记得那天我鞋带开了，爸爸还是习惯性地弯下腰，去给我系鞋带。这个暑假只要我在家，爸爸都会亲手做午饭。

这两年我总觉得爸爸变了很多，觉得他变得不再像小时候那样宠我，不再喜欢逗我开心，所以有点害怕和爸爸沟通了，很多事儿都压在自己心里。其实想想也难怪，这两年妈妈生病，也正巧赶上我高考，这样大的压力放在任何一个人身上都难以撑住吧。

这个暑假，难免有时和爸爸有些争执，但每次吵完，爸爸还是会想办法哄我开心。我记得那天爸爸语重心长地给我说了一句："我对你的爱，只会越来越多。"他很少这样直言不讳地表达自己的感情。爸爸的爱，总归是更深沉、更隐蔽一些。也记得男朋友来找我的时候，爸爸开着车，忽地长舒一口气，说："怎么女儿就谈恋爱了呢？"大抵在爸爸心里，全地球的男生都配不上自己的女儿吧。

我的爸爸没有散文诗，他很平凡，他总说什么都给不了我，却什么都给了我。

因为爸爸妈妈，我对这座小城爱到了极致。

（五）

列车依然驶向南方，我打开手机翻阅着公众号，恰巧便翻到了东坡居士的"万里归来颜愈少。微笑，笑时犹带岭梅香。试问岭南应不好，却道：此心安处是吾乡"。

有人说："此心安处，是吾乡？""我心安宁，处处都是故乡。"我却觉得，能让我安心的只有故乡。

这座小城，是我的故乡，小城里我爱的人与爱我的人，是我安心的理由。

再见，小城。半年后，我们再见！

街边心口甜

2020 级　张雨婷

甜食是一种记忆。

不同于酸苦辣咸，甜味是一种最不刺激、最为温和舒缓的味觉。甜也有丰富的层次，蔗糖的甜与菜根的甜就有很大的不同。而甜食正是人类饮食文化中独特的结晶。甜点是法国人和英国人的下午茶会里的主角。正如他们每天都要喝的下午茶一样，甜食不可或缺。

天鹅绒般松软的蛋糕，叠着高高冰激凌的华夫蛋筒，缀着五颜六色装饰彩糖的甜甜圈……不同于这些摆在橱窗里的精致甜点，记忆里最为深刻的还是小时候在家乡老城里走街串巷时那些街边的香甜小吃。

在小学放学回家的路上总能碰到担着藤编篮子的阿姨，藤编篮里躺着的是用竹签穿成一串儿的糖油果子。一串一般四到五颗，浑圆的球形就像成熟的果子一般。亮晶晶的棕红色油面和刚撒上的喷香酥脆的白芝麻十分相称，拿起一串，咬一口会发出轻微的脆响，外壳应声碎裂，绵软的糯米内馅便涌出来，红糖筑成的焦脆外衣与炒香的白芝麻越嚼越有滋味。刚炸出的糖油果子是空心的，红糖外壳凝固后并将糯米牢牢地包裹住。而过一段时间糖油果子的完美外形就会塌掉，变得软趴趴、油腻腻，摊在竹篮里让人失去兴致。所以阿姨总是拿保鲜膜盖一盖，期待孩子们能够尽快买走。但随着孩子们年龄的增长，大家常吃的零嘴变得更为丰富，阿姨的糖油果子似乎越来越难以吸引大家的注意力。每每到了黄昏，都能够看到她驻足在那里，偶尔低头整理一下保鲜膜，反复地数剩余的糖油果子与竹签。就这么过去了几年，偶然有一天，我回到家乡想起来童年街边的糖油果子，却得知她早已经离开了这里。之后也吃过其他人卖的糖油果子，却再也找不回原来的味道了。

夏日闷热的暑气与热辣的阳光蒸得小街热气腾腾，我有些头晕脑胀，只希望快步走出人潮。抬眼便又看见了那家小店。路边推车的阿叔站在树荫下，和几张木桌、塑胶凳子共同组成了这家街边冰粉店。红糖冰粉一直是我多年来对抗盛夏的心头慰藉。在玻璃碗里舀上一勺晶莹剔透的冰粉，仿佛一碗破碎的水晶，折射出太阳的炫目光彩。阿叔手快，侧过身去从冰桶里抖出一大块碎冰，一边询问我一边在碗里撒上花生、蜜红豆、葡萄干、冬瓜糖，望着那不断升高的冰山，喉咙里火一般灼烧的渴意似乎也得到了缓解。接过一碗清凉，靠近些似乎有隐隐白雾与丝丝凉气。人们顾不得坐好，碗还未捧到嘴边便低头猛吸一口。凉！从口腔顺从滑入的冰粉带着冰碴，进入食道，胸腔里那颗因炎热而躁动不安的心脏一下子就镇静了些许，理智也回到了脑中。甜！冰凉甜蜜的红糖水刺激着舌尖每一个味蕾，而冰粉的清淡无味完美地中和了糖水的甜腻。在这之中，葡萄干里果糖的回甘、蜜红豆的甜糯口感、冬瓜糖里糖粉与脆的结合……丰富充实的甜，让人沉醉。糖分到位，体力回满，一切都是恰到好处。阿叔摊里的冰与糖都是随便加，而平时没人的时候，那几张板凳也免费供大家歇脚。阿叔总说和气生财，可是我知道他也只能做一个盛夏的冰粉生意，再怎么样也不会比其他全年都受到追捧的小吃赚得更多。阿叔总是笑着为大家盛上一碗碗冰粉，然后在冬季销声匿迹，再一个盛夏他又站在那片树荫下了。

我曾在深夜寻吃，走过已经关闭的烧烤摊，远远地竟还亮着一盏昏黄的小灯。卖冰粉的阿叔正要结束一天劳累的工作，却还是给我打了一碗。他说："这次还是多点红糖好吗？干脆把所有的东西都倒给你吧。"我嗦了一口，甜得皱眉，还没发话，玻璃碗里便多了一勺冰沙。"嘿嘿，不好意思，糖和冰没平衡好，齁着了吧？"阿叔拿着勺子，昏暗的光下看不清楚脸，只看见他眼睛里明亮真诚的光。

吃完糖油果子和红糖冰粉，还要吃蛋烘糕。

蛋烘糕是成都的传统小吃之一，相传始于清代，道光二十三年（1843），是文庙街石室书院旁一位老汉从小孩办"姑姑筵"（过家家）中得到启发，所开发出的一种街头小吃。

对于孩童时期的我们来说，蛋烘糕更是每天放学必去的街边摊位。在人头攒动的嘈杂街道里，孩子们总能飞快地看到那个头发微卷、面色黝黑的阿婆和她推车上贴的蛋烘糕三个大字。孩子们将攥在手心里皱巴巴、汗津津的纸币匆匆忙忙交到阿婆的手上，紧盯着她面前盖着盖儿的长柄平锅，只需一会儿，一面金黄，一面蓬松，热腾腾的蛋饼便成形。塞入红豆沙或奶油轻轻一铲将蛋饼翻折，任由那焦黄酥脆的一面在外，然后用油纸一包，递给那些眼睛仿佛粘在锅上的小孩。蛋烘糕的神奇之处在于不用放油，直接将调好的面粉和蛋液倒在提前热好的烘糕小锅中，就能轻松形成一面为煎饼、一面为蒸糕的效果。在众多口味独特的蛋烘糕中，甜馅的蛋烘糕是最为常见的，金灿灿的半圆形，香喷喷的怡口味道，比起油炸的小吃，甜而不齁，香而不腻。每当接过纸片包的一块白糖芝麻馅儿的蛋烘糕，迫不及待地将它送入口中，带着锅的热温，几口一个，就解了馋。连心里也泛起了愉悦的浪花。但随着城市饮食文化的发展，蛋烘糕在成都有名小吃店中登堂入室，成为宴席上的名点的同时，记忆中挑担推车销售的街边小摊越来越难以找寻。去年回家，开着导航绕了不知道多少街道小巷，才寻得一方挤在居民房里的窄窄店面。

重庆冬天很冷，但是家乡步行街的巷子里，有着冬天最难忘的甜食。捏起来软糊，捧着又滚烫，表面的糖浆和滚烫稀糊的红薯，与其他地方的烤红薯不同，家乡的红薯是香甜软糯美味的糖煮红薯，要更甜、更软糊些。在刀刮一样刮的冷风中，那口冒着香甜白烟的铁锅，咕噜咕噜冒泡的、黑红色的、黏稠的糖浆，总是要提醒卖红薯的大妈舀个小一点的红薯，多裹一点红糖，多要一个塑料袋。然后双手捧着袋子里的红薯通过步行街的人流，非常滚烫却一直不敢撒手。吃完一个红薯，嘴边一圈黏糊糊的糖渍，意犹未尽般咂咂嘴，转头却已经找不到那木板推车和那白气缭绕的大锅。以至于每年都会有一段时间非常想念糖煮红薯甜蜜温暖的口感，现在纵使我踏遍这小城每条熟悉的街道，都再难寻得。

甜食是一种独特的记忆，街边的甜食也是时代的印记。卖小吃的人们与那些食物本身都难以停留在过去悠闲热闹的日子里。它们或许被商业化的洪流裹挟，以接地气的标签被端上了精致的餐桌；或许在时光流逝、物是人非的转变之后，也消失在城市街巷的无名角落。但是，它们所带给一代人的甜蜜记忆，已经深深扎根于我们的童年里。

"生活很苦，快吃点甜！快乐总要有东西支撑。"再看到这样的广告语，我总会想起那无忧无虑徘徊在街边的童年时光，放学后一看到熟悉的阿姨大叔和他们推着的各式传统甜食，肚子便会准时响起咕咕声，捏着一点零钱换来解馋的法宝。那时候简单而快乐的日子里，好像它们并不是谁的慰藉，只是朴实地带来毫无包装的美味享受。

就在那川渝小城的街边，似乎又看到了那推着的小车，顿时口齿生津，怀念起那溢出心口的甜蜜来。

南国的冬天

2021级 郭 涵

历来的文人作家，都很喜欢描写北国的冬天。

大概他们觉得南国的冬天，既没有千里冰封，更没有万里雪飘，没有什么很明显的季节特征。但如果放弃这个刻板印象的话，北国的冬天是银白色的，那南国的冬天，可以说是五彩缤纷的。这么一看，这南国的冬天也别有一番风味了。

南国的冬天不像冬天，却像是春天，活力的、粉色的春天。

花儿可以在南国的冬日绽放，这可是不容错过的"冬日奇景"。虽是初冬，但在羊城广州，却是没有什么冬的氛围。你看这广州城里的异木棉，正如老歌所唱，"一树红花照碧海，一团火焰出水来"，异木棉在这座蓝白的现代都市里肆意地盛开，如同蓝色的海洋中绽放着的粉红色的浪花，轻盈地飘扬在空中，飘落在大地，用那一树树的粉红，将温暖灿烂写满枝头，用这激情四溢的颜色，点燃了这座城市的热情与活力。

漫步老街，一座座古朴的宅院映入眼帘，白墙黛瓦，彰显着雍容华贵的气质。院内的异木棉树高大挺拔，犹如一位威严的守护者，与这老街旧宅相守相伴。

街上的行人虽匆匆，但路过时，却也不忘抬头一探这美妙的花开盛放，只见这粉红色的烟花绽放在湛蓝的天空上，打破了冬季的清欢，像天空寄出一封浪漫情书。

那众多的花朵在枝叶的环抱下，与树干融为一体，它们的花瓣细腻柔软，光滑如丝，触摸之间，仿佛能感受到花朵的温度和生命的脉搏。

我着一身素净长裙，坐在街边的藤椅上，不急于赶路，只是这样安静地坐着，任清风如何亲吻树叶，任沙沙声一片。看着异木棉如何盛开。如何被多事的清风吹过，如何掉落在干净的街道上、白色的车顶上。思考它如何结束花期，凋谢零落，如何进入轮回，再度盛开。

站在异木棉树下，我们仿佛置身于一个魔幻的花园，树上繁花朵朵，犹如万千精灵。仔细一看，那高高的树干上还生着许多大大的树结，像是美人含情脉脉地注视着你，单纯而专一。花瓣间细致的纹理，又像艺术家那细腻柔软的笔触，在空间中舞动留下的注解，向人们述说着自然的神奇和奥秘。

广场前的这一片花海，倒映着校园里的古典小亭和现代建筑，将墨色、翠绿、樱红和茉白相互交叠，宛如一幅极具层次的油画。暖阳洒下，花影跃动，我们约上三两好友，共赴这场可爱盛宴，一起徜徉在着粉色的海洋之中，下潜、上浮、翻腾、穿梭，享受花朵的尽情盛放，而阳光下的我们也熠熠生辉，此时只要按下快门，便能留住这冬日的惊艳。

南国的冬天不像冬天，倒像是秋天，温暖的、金色的秋天。

应该是南国的冬天不舍秋，历书上的秋天虽说已经走到了终点，但南国季节的风景，却是依旧延续着秋的意韵。

你看，眼前的秋正在四野漫烂。奶奶后院的银杏林早已从翠绿之中泛出一抹金黄。记得李清照在《瑞鹧鸪·双银杏》中写道："风韵雍容未甚都，尊前甘橘可为奴。谁怜流落江湖上，玉骨冰肌未肯枯。"而这银杏之美，在南国的冬天里，更显得亮眼瞩目。

在青涩的记忆中，奶奶总会牵着我的手，一起漫步在那后院的银杏树下。

在银杏树青灰色的主干周围，均匀地伸展着渐高渐短的分支，稀疏的枝叶恰到好处地填实彼此间的缝隙。而银杏的叶子在阳光下闪烁着金黄的光芒，像是给我们铺下了一条金色的小道。

我和奶奶在这林中穿行，她总会俯下身子，捡起那掉落的银杏叶，在林间小道上，背着手，弓着背，左手牵着我，右手攥着那一片片银杏，迈着缓慢的步伐，一步一步向前挪着。深情的、无声的阳光洒下冬日的柔和，在奶奶的发梢上像蝴蝶一般，一来一回地悠然搅动。而我也学着奶奶的样子，俯下身子捡起落叶，那波光浮动的叶片，在空中如跳舞的精灵，缓缓地从树梢上摇曳而下，趴在奶奶的棉衣上。

结束漫游，奶奶便将那沾满时间的锈斑的银杏叶放进我的手心。她告诉我，银杏是长寿的象征，希望我们能够像这初冬灿烂的银杏一般，健康长寿、茁壮成长。这一片片叶子，还残存着奶奶手中的余温，暖暖的，温着我的指尖。

南国的冬天不像冬天，甚至有时像夏天，清爽的、绿色的夏天。

南国独特的冬日气候，倒也带来了一种别样的美好体验。

在南国的冬天，似乎没有寒意的存在。与北国严寒的冬天相比，南国的冬天温度显然更为宜人舒适，仿佛一个温暖的避风港，可以摆脱寒冷的束缚，享受宜人的气温。你看，当北国的人儿已经穿上了厚重的羽绒服和棉袄来抵御严寒时，南国的人儿却还穿着轻薄的衣物，享受着自然的舒适感；当北方已经变成银白色的冰雪世界时，南方的树木却还是郁郁葱葱，活力四溢。

除了宜人的温度，南国的冬日还可以给你带来充足的阳光。迎面而来的灿烂阳光，抚慰着人们疲惫的心灵。无论是在街头巷尾，还是在公园广场，到处都弥漫着阳光，当微风吹过脸颊，带来了丝丝清凉，但却又不失温暖。

这个冬天，我来到这个位于海南岛的美丽城市。走进冬季的三亚，仿佛步入了一个完全不同的世界。在三亚，你可以游一次冬天的泳，堆一个漂亮的沙堡，打一场痛快的沙滩排球。

一望无际的大海展现在眼前，风光旖旎、碧海蓝天。阳光洒满了大地，蔚蓝的海水如同一面巨大的镜子，倒映着天空中的白云和金色的阳光，让人心旷神怡。

我漫步在三亚湾的海滩上，听着悠扬的海浪，白玉一样的细沙温暖松软，轻柔地抚摸着我的脚丫。站在沙滩尽头，我望着远处的群山，任海风吹拂着我的脸庞，看着低翔的白鸥掠过碧蓝的海面，仿佛再下沉一点，那洁白的翅膀便要被海水染成蓝色。

在温暖的阳光和海风的滋养下，椰子树迎风而生，逐渐成长为一道道迷人的风景。它们的树干高大笔直，深棕色的树皮，细腻而有条理，树干向上分支，形成一个个分明的层次，层层叠叠地向上延伸，犹如一把把翘首期盼的手臂，向世界伸出拥抱的姿态。顶部的绿叶恣意舒展，茂盛而饱满。初生的椰子正在成熟，静静地等待着被人采摘。这些椰子的外壳坚硬而光滑，呈现出诱人的棕榈纹路。每一个椰子都蕴藏这甘甜的果肉和清甜的椰水，尝一口，阵阵清凉穿过喉咙，滋润口腔。

夜晚，三亚的夜市热闹非凡。熙熙攘攘的人群在灯光的映照下络绎不绝。路边摊贩推着小车，叫卖着各种特色小吃，空气中弥漫着诱人的香味。尝一口当地的海鲜美食，满嘴的鲜香和咸甜，让人胃口大开。而夜晚的海滩，在灯塔的照射下，荡漾着柔和而浪漫的光芒。

在这里，似乎捕捉不到一丝冬的气息。太阳永远笑着升起，阳光依旧灿

南国的冬天

烂，洒满大地，犹如天际大剧院上演的一幕夏日盛景。

南国的冬天自然也是冬天，只不过是宁静的、恬淡的冬天。

你看，这江南的冬天，温柔而富有韵味。既没有那么寒冷刺骨，也不那么温暖宜人，而是具有一种独具特色的冬季气息，让人心生向往。

清晨，悄悄地，江南的冬天从睡眠中醒来。这时，一座座山头都被洒上银色，宛如盖上了一层白色的云雾。乡间的房屋也是冬日里的亮点，红墙绿瓦与白雪交相辉映，宛如画卷一般，美不胜收。

江南的冬日暖阳，让人温暖沉醉。尽管冬天的阳光不像夏季那样炙热，但它柔和的光芒仿佛母亲的手掌，温柔地拂过脸颊，抚慰冬寒的心灵。阳光洒落在江南的冬天，轻轻地透过树梢，洒在青石板上。阳光与树叶交织，形成一幅斑驳的光影画卷，让人陶醉在这宁静美好的时光中。沿街的树木也被浸染上了一层金黄，树梢间的鸟儿，在阳光的照耀下欢快地歌唱，为这冬日江南增添了一抹生机。

当然也有下雨时分。此时的江南，细雨蒙蒙，宛如一幅泼墨的山水画，小桥流水，传递着丝丝寒意。山谷间也缥缈着雾气，如同仙境一般令人陶醉。溪涧的潺潺流水，更是增添了一丝柔美。冬日的运河上，只见悠悠的船只，在房屋旁的河道里穿梭，那些临水而居的房屋，在水中倒映出别样的景致。那古老的石桥，连接着过去与现在，见证了岁月的流转。房屋与水乡的景色相互映衬，如诗如画。

走在江南的冬天里，放眼望去，满目的青砖黛瓦，仿佛带着历史的气息，让人流连忘返。沿着古老的护城河在小巷间穿行，脚下的青石板上，光影跳跃，宛如流动的诗篇，让人心生敬意。空气中弥漫着一股清新的味道。江南的植被在这个时候都进入了休眠期，只有一些冬青和松柏仍然挺立着，向人们宣告着冬天的到来。

一场冬雪，让江南的冬天更具诗意，小桥流水，白墙黛瓦，在雪的映衬下更显唯美。

夜晚降临，江南的冬天变得清冷而宁静。清风吹过湖面，碰撞出微小的波纹，透过细密的水蒸气，远处的灯火如星星点点，宛如夜幕下的精灵，闪烁着无限的遐想。夜空中，星星璀璨，小小的火焰点亮了整个天空，它们静静地守护着这片土地，见证着时光的流转。那皎洁的月亮，如同银盘，映照在湖面上，给夜晚的江南披上一层神秘的面纱。

江南的冬天，是我童年的记忆。那时，我和小伙伴们穿梭在这个美丽的景色中，一起嬉笑打闹，享受冬天的温馨。如今，回忆起那段时光，我渐渐明白，江南的冬天并不寒冷，因为有着一份温暖和宁静。对于我来说，江南的冬天是温柔而迷人的。它是一幅优美的画卷，在岁月的长河中悄然绽放。无论是冬日的阳光，还是夜晚的星空，在这宛如童话般的地方，都变得更加绚丽多彩。

你看，南国的冬天，虽没有千里冰封，更没有万里雪飘，似乎没有什么很明显的季节特征，但却还是深得我心。这南国的冬天，自然也是冬天，只不过是宁静恬淡的冬天，还是活力粉色的春天，更是温暖金色的秋天，甚至是清爽绿色的夏天。如此五彩缤纷、别有一番风味，试问何人不喜呢？

治愈的"深音"

2021级 李 润

作为一个十八年都生活在深圳的人，真把深圳当成家了。深圳是个开放包容的城市，记得小学时街上的标语"来了就是深圳人，来了就当志愿者"。邻里街道都是外来的移民，尽管有文化差异，人们相处起来完全没有隔阂，每天的问好声就有好几种，人人都说着家乡话和夹带家乡口音的普通话，颇有一股城中村的人文气息。深圳作为改革开放首批城市，从小渔村发展为大都市，这声音始终不变。

听，这是地铁的"深音"。"下一站，世界之窗，乘客可换乘二号线，列车运行方向左侧的车门将会打开，请注意列车与站台之间的空隙。"普通话、粤语、英语，从入站到出站，总有安全的声音陪伴着你。深圳接纳来自各方的人才，"前往双龙方向的列车即将进站，请上车的乘客做好准备"。地铁的入站播报声是上班族的定心丸。三到五分钟一班的列车治愈上班族一日的焦虑，赋予他们回家的愉悦，在早高峰、晚高峰、换乘时人们的脚步声会特别急促，都说这就是深圳速度。"深音"绕耳，体现深圳交通运输的四通八达，巴士到地铁，出行畅通无阻。地铁安全员在每站的上下站和车厢内走动，说："请上车的乘客扫码预防登记，谢谢合作！"切实履行防疫政策，"深音"从车头到车尾，溜进每位乘客的耳朵，治愈无数心灵。

听，这是深圳奶茶店的"深音"。"你好，欢迎光临，红茶玛奇朵好喝。"网上有调侃，深圳人体内70%不是水，而是奶茶。深圳作为移民人口占主体的大城市，各个地方的美食云集，要说深圳美食恐怕真说不出来。上学、上班前买一杯，放学、下班后买一杯，男女老少，人手一杯奶茶已经是街上普遍的景象，波霸奶茶、四季春、双响炮……每个奶茶店都有各自主打的奶茶，一点点、喜茶、奈雪、Coco……来到深圳，治愈舌尖上的味蕾，随便细品每一杯奶茶，犹如置身不同城市，领略中国天南海北的文化底蕴。湖南长沙限定的茶颜悦色不久也来到深圳，文和友乃长沙一大特色，深圳成为其文化传播的首选也是有因可循。奶茶的"深音"，温暖每个深圳人，扫除一天的疲倦，重新投入明天美好生活。

　　听，这是东门的"深音"。"随便看，随便挑，最后一天，最后一天，五折，全场五折。"东门是服装批发城，每逢周末就能看见一个个拎着大黑塑料袋、推着小车到每个店铺扫货的商家。此外，个体买衣服也比比皆是，看着价格标签上5、10等耀眼的大数字，虽然批发价已经很低，还是能听见顾客和商贩讨价还价，这种"深音"嘈杂却亲切。每个来到东门的人都要日行一万步，进了一间又一间店铺，细细观看每件衣服，最后不知不觉买了一大包，辛苦拿回家。购物的过程是疯狂的，离开东门后又有了罪恶感。在步行街里，各种DJ音乐交织播放。"羊肉串羊肉串，十元两串。"逛累了人们便聚集美食城，章鱼小丸子、臭豆腐、各类烤串应有尽有，慢慢品味汁水在口腔迸发，舌尖上的味蕾极致享受，谁来了都说一句"绝"！

　　听，这是十字路口的"深音"。"嘀，嘀，嘀，嘀嘀嘀嘀"，深圳的路口，绝大部分都有此播报广播，专为盲人而设，细节体现一座城市的温暖。深圳的路口，总是匆匆忙忙，车流量大，人来人往，但不用怕，红绿灯井然有序，机动车全都有意识地礼让行人。来自五湖四海的人，集聚又走散，像一个短暂的江湖，侠客们来也匆匆、去也匆匆。在十字路口停下脚步，静望霓虹灯闪烁，从高速的都市生活中剥离开，脚下的步伐是每个来深人走近梦想的道路。深圳欢迎每一个心怀高远志的人，敢拼敢闯是深圳的标签，深圳提供给每个人有利的舞台。尽情展现自己的舞姿吧，享受聚光灯下拼搏的自己，越过个个十字路口，做出种种思考方案，满足每个甲方的要求，结尾的鞠躬必能迎来如雷贯耳的掌声。

　　听，这是深圳台风的"深音"。"呼呼呼……"台风可以说是深圳的常客了，每年必来光顾，偶尔还能为中小学生送来停课的礼物。台风每次光顾不一定是坏事，经历连续几天高温黄色预警，这台风还能送来些许清凉。而雨后空气一股清新的气息，仿佛给这座城市降降温，让它慢下来，快节奏的生活偶尔也需要养精蓄锐。不得不说，深圳基础设施还是过关的，连下几天暴雨排水都很给力，基本没有水淹没车辆的新闻，庆幸还没有上"热搜"的程度。同时深圳应急预案也值得点赞，各学校都是应急避难场所，为在暴雨中的人们提供一个短暂的、温暖的家。虽然来自不同地区，但是都在同一屋檐下，面对相同困境，人们更加乐意敞开心扉，叙说自己多年积攒的人生趣事。从这个层面上看，台风也创造了人们心灵沟通的桥梁。呼呼北风不止，居民家中栖居，望窗外雨点纷纷，听耳畔家人呢喃，那是治愈的深音。

听，这是深圳便利店的"深音"。"欢迎光临"，中午时段的全家，伴随着4/4拍的门铃，进店先逛冷冻区，新品冰激凌上市，便当种类齐全，关东煮的热气在冬天格外温暖，"麻烦给我来碗鱼蛋""今天鱼蛋没了，肉丸可以吗？""可以的，都给我来点吧。"热腾腾的关东煮，鲜嫩多汁的萝卜、芝士满满的福袋，再加点番茄酱，24小时营业的便利店，使每个深圳人不管何时都不用担忧美食问题，每个便利店都守候着每个晚归的人，我就在那里，不管你来不来，依旧为你服务。夜晚别怕黑灯瞎火，至少便利店的光永远亮堂。很多未能归家的来深人选择夜晚在便利店度过，犹如深圳给予他们暂时温暖的小屋，跌倒了不重要，重要的是要重新站起迎接新生活！

听，这是深圳修路的"深音"。"嗒嗒嗒……"自从上了高中，就发觉深圳的路一直在更新换代，先是安上了渗水砖，再多了自行车道，再加以精美装饰。高中正是学业紧张的时间，上课听着窗外的挖路声越听越烦躁，老师的声音渐渐被淹没，让人好生不耐烦。但是当看到建好的路又当起了马后炮，"这设计好人性化，好漂亮啊，值了值了"。深圳速度快，还在修路。不仅市区的路很快更新，连偏僻的关外、城中村的窄巷也顾及到位，每一街一巷都全部更新。相信这都是多次实地考察后做出的选择和决策，深圳人的管理和统筹能力可见一斑。要知道，一座城市的文化底蕴，不光体现在市区的繁华，还体现在城市的每一个角落，不仅干净漂亮，而且温暖和谐。随着嗒嗒嗒的深音不断响彻每处，深圳愈发呈现出崭新而时尚的魅力。作为中国特色社会主义先行示范区，作为领头羊，深圳为中国其他城市树立标杆。

听，这是深圳街头的"深音"。"这是一首简单的小情歌……"深圳不仅是创新城市，还注重发展城市文化。这里汇聚了来自四面八方身怀技艺的热血青年。很多时候，在地铁口、隧道口、广场上，都能看见背着吉他的青年用歌曲诉说着他们曾经的过往。我觉得在街头聆听他们的歌曲是很特别的体验，相比起耳机里的音乐，他们在眼前显得更加真实可感，更容易让我产生共鸣。走过一处响起一阵音韵，回家路上以音乐为伴，时而驻足，与来深的人共同欣赏，给予热烈的掌声鼓励，为每个有梦想的人添一把火，熊熊燃烧之势便在不久的将来由大家一起见证。他们或许想成为明星、歌手或者仅仅想表达自己被更多人发现。深圳都提供了平台，晚上广场公园灯火通明，广场舞、舞狮、垂钓，深圳的夜生活也丰富多彩，彰显城市文化。

听，这是深圳义工的"深音"。"要过马路啦，跟紧我！"深圳的颜色是红的，被无私奉献的红马甲穿梭在深圳每个路口小巷所渲染。下课时间孩子们蜂拥而出，校门口迎接他们的是一群红马甲。下班高峰期在路口迎接劳累了一天的上班族的也是一群红马甲。红马甲还存在于任何你想得到帮助的地方，为迷路的你指明道路，为老人或小孩送去一丝温暖。可以说，深圳最不缺的就是红马甲——热心不计成本、投入精力的志愿者。来了就是深圳人，来了就当志愿者。深圳接纳来自世界各国的人。U站遍布，是外来人口温暖的港湾。他们身着红衣，烈日下、风雨中、雷鸣闪电中，都有他们的身影。"来来来，行人过马路，"挥着旗子、吹着哨子、护送孩子，他们是保障城市秩序的小管家，降低风险，拉远人们和危险的距离。

"深音"萦绕，治愈着每个深圳人的身心……

忘不了那一碗凉茶

2021 级　冼嘉文

"大病看医生，小病喝凉茶。"岭南高温潮湿，精明的岭南人创造了消暑祛湿的一剂良药——凉茶。

没有父母的管束，最近在学校吃多了热气的食物，有点上火，口里长了口腔溃疡，疼得无奈，只好在广州当地找凉茶铺了。

跟着导航的指引，穿过车水马龙的街道，拐进隐匿在繁华中的小巷。还没到茶室，便已经闻到那股独属于凉茶的药香味儿。再转过一个弯，记忆里的传统凉茶铺模样映现眼前——约十平方米的铺面，铺面上方挂着白底红字招牌板，店铺里铺着马赛克地砖，地砖上是几张广东经典木桌子、木板凳，总之，年代感十足。再往深处看，十几个贴着各种凉茶种类标签的大茶壶、茶勺，旁边整齐地摆放着三四摞蓝白瓷碗，盛放这些茶具的是带着各种裂痕、刮痕、胶痕的白瓷柜台。看来是来对地方了，毕竟这店连环境都这么正宗。

走进店铺，扫了一眼茶壶上的标签，向老板娘唤道："老板娘，我要一碗金银花茶！""好，等一阵哈！"话音刚落，老板娘就走了出来，捧起一只瓷碗，拿起标着"金银花茶"标签的茶壶，倒出一碗淡棕色又略泛金黄的金银花茶，热气升腾，看着就让人感到很暖。喝前把冰冻的双手包裹着热腾腾的瓷碗边，然后趁热喝下一口，金银花的甘甜瞬间溢满口腔，清新淡雅的香气随之充满鼻腔。这茶略带苦涩，但整体口感非常柔和，很是舒服！过一会儿，金银花茶开始回甘，这种回甘能够持续很久，让人回味无穷。

如此可口的凉茶就是传说中广东人的"噩梦"吗？当然不是，广东凉茶各式各样，可不是所有凉茶都如此可口的。说起凉茶的苦，凉茶界中有颇负盛名的一味——癍痧凉茶。

癍痧源自中华传统草药医学，它以多种中草药为主要成分，具有清热解毒、凉血祛火的功效，在民间被广泛用于缓解一些与热毒有关的疾病症状。谁也想不到，这几种平平无奇的草药凑合起来，便迸发出奇苦之味。第一口，生涩的茶汤夹杂着稀碎茶料进入喉咙，犹如啮齿吞针，让人不自觉地打了一个冷战。鼓足勇气，硬着头皮再喝第二口、第三口、第四口……整碗下肚，苦涩仍霸道地占领满腔，久久不散，从嘴里呼出来的空气似乎也是苦的。奇怪的是，苦涩慢慢褪去之时，一股清鲜的甘甜便从喉底涌出，占据舌尖。

突然想起以前村里的老人家说，这凉茶可厉害了，它的历史能追溯到中国信史的开端——商朝。在商汤灭夏桀时，为了一举消灭夏桀，临战之前，商汤举行了隆重的动员大会，这就是历史上著名的"汤誓"。商汤在会上举着"药汤"向士兵传达了这次兴师征伐的重要意义。为了更好地鼓舞士兵，一击即中，再有伊尹丞相强调了四点：①效法大禹禁酒令，以茶代酒正风气；②远祖黄帝说了，有病治病，没病防病，怎么防病，多喝汤剂；③喝了药汤，感激商汤；④打胜了分钱、分粮、分地盘。所以，全军饮下预先用九鼎锅熬制而成的中草药汤，号称"九鼎汤"。三军饮毕，士气高涨，大获全胜，商朝从此诞生了。凉茶也就此拉开了长达千余年的发展历程。成汤就被后人称作中华凉茶的始祖，是凉茶的发明人之一。

凉茶文化在广东盛行，有赖于广东独特的气候环境。广东凉茶的鼻祖是东晋著名医药学家葛洪。当时，葛洪辞官从今江苏句容市来到岭南，隐居在广东罗浮山冲虚古观，炼丹兼行医。葛洪发现岭南之地瘴疠流行，就开始悉心研究岭南各种温病良方，又到广州拜南海太守鲍靓为师，并与鲍靓之女鲍姑结为伉俪，一起行医救世，留下大量医学专著。《肘后备急方》是葛洪留给后人的巨著之一，书名的意思是可常备在肘后（带在身边）的应急书，即现代的"袖珍手册"，其中记载了很多契合岭南气候的药方，如"老君神明白散""太乙流金方""辟天行疫病"等，都是用来治疗瘴疠、四时感冒、严寒发热、温热上火等症状的，与后世的凉茶有异曲同工之妙。百姓根据药方，用寒凉、解暑、解毒的中草药煮水饮用，孕育出广东凉茶的雏形。根据葛洪的理论，岭南人研发出各式广东凉茶。

这么说来，凉茶可真是经久不衰。现今，凉茶盛行，凉茶深入家家户户，是每一位广东老妈子的必备技能。

我的阿嫲，也就是奶奶，最爱煲凉茶了。不管我头疼脑热，还是口腔溃疡，阿嫲都会说我肯定是吃了热性的食物，上火了，要喝凉茶祛火才行。于是，一大清早，闲不住的老太太就出门摘草药了。她往口袋里揣了一个红色塑料袋，带上一把月牙儿似的小刀，一路往外走去，不知到哪里去。不出一个小时，她便提着那个满满当当的红色塑料袋回来。她笑着打开袋子，拿起一款又一款草药，边拿边跟我叨叨：这个是夏枯草，可以祛肝火；那个是鱼腥草，清热解毒……老太太像捡着宝似的，嘴里是笑着的，眼里也是笑着的，满是骄傲，像个邀功的小孩子。

等不及把专门穿去摘草药的水鞋脱下，阿嬷就匆匆到厨房去，拿水瓢将草药浸泡、洗净，放入年纪都比我大的瓦煲里，用柴火烧出来小火，慢慢熬煮。浓烟从烟囱里滚滚冒出，不一会儿，带着特殊苦涩香气的凉茶味儿便在厨房里、整个屋子里蔓延开来。阿嬷知道我怕苦，提前去村口的小卖铺给我买好了陈皮，这下凉茶也变得不那么苦了。"快点过来喝碗凉茶，喝完一碗去厨房再盛一碗，很有益的……"托我的福，全家人在阿嬷的催促下都咕嘟咕嘟地喝上了两大碗凉茶。

回过神来时，我已经在凉茶店铺里喝完那碗金银花茶了，甘味萦绕舌尖。这就是凉茶吧，既带着苦涩，也带着甘甜。喝的时候是苦的，一阵子后便开始回甘。或许过了很多年后，想起在正宗老铺里喝凉茶，想起阿嬷采草药煲凉茶，嘴里可能还会感受到那一份微不可察的甘甜吧。

"活在人间"组诗二首

2021级　吴羽莹

会有一天

我
已经有四分之一
深深扎根在地下

好像不是红土
也不是黄土
是细碎的轻尘凝结
重重拍打在胸口——
我站立的纬度

会有一天　我将长眠不醒
再也看不见
鸣沙山下长流的蓝湖
听不到　你在傍晚轻轻叩动我的门户
摸不着　母亲脸上的温度
路，仿佛不在归途

往事总是凛冽
我啊　还没有

把深处的寒冬交付于你
总是忙着　在人间走走停停

会有一天
如果菩萨愿意
我更不会让眼泪掉下来

烟尘消融　炊烟升起　山色如故

走在人间尽头

我想　轻轻尝一口
呼啸而过的大雨
草原上发生起火
看见冰川上沸腾的河流

我想　轻轻撕开
荒凉沉寂的白崖
引一把人世的余晖
从断裂处　慢慢炙烤着他的伤痕

苍翠　山风嘶吼
吹过微醺的马蹄
不紧不慢地　穿透我身体的裂缝
吞咽白云爬坡的回音

矮马　悄悄走过来
背上飘着一只七彩的喙
岩滩　没有声响

潮起不落，乡情永存

2022 级　郭泳珊

我的家乡在广东潮州，我是个地地道道的潮汕妹子。

"潮州"一名，有着"在潮之洲，潮水往复"之意。潮州有着深厚的历史文化底蕴，就连名字都涤荡着历史的诗意。潮州给我留下太多的回忆和感动，她既是哺育我成长的摇篮，也是供我的心灵停靠栖息的温暖港湾。即使是离开家乡去远方读大学，我依然会在某个特定的时刻想起潮州，感受那份潮起不落的乡情，以及那些永存在我心头的温暖与美好。

在我的印象中，潮州一直是个普通平凡的小城市，宁静闲适、古色古香，有着深厚历史文化底蕴的她一直低调无声地发展着，不轻易向外界展现她的锐利和光芒。当周围的城市开始了日新月异的变化时，她依然带着那不紧不慢的节奏松弛有度地运行在自我的轨道上，勇毅且坚定。这是一座具有无限魅力和浓厚韵味的城市，只一眼，就能让人兴味盎然以至流连忘返。而成长在此的我，又何尝没有浸润在这样一种由心生发的沉醉与迷恋中呢？

潮州的景如一泓清泉倒映着皎洁明月的光辉，淡雅迷人。

如果问我潮州哪个地方最值得一去，我一定会毫不犹豫地告诉你，去牌坊街走走吧，感受那慢节奏的生活给予我们的片刻安宁和自由。街上矗立着的二十三座老牌坊，是时间赐予潮州古城的恩泽。这二十三座牌坊如排兵布阵般依次排开，气势不凡，恢宏大气，每走几步便可以窥见一段尘封的时光。所有牌坊无声庄严地傲然耸立在此，即使布满历史的尘埃却仍显生机蓬勃。她仿佛永远在等候和期待着下一个有缘人在此地停住脚步，献上来自新时代的灼灼目光，为其掸去残留已久的粗粝和笨重，重新焕发深藏在骨子里无以言说的精神力量。带着一颗崇敬之心瞻仰牌坊之后，当把目光转向四周时，可以看到街两边各式各样的小店铺和骑楼建筑，生活的气息便在这里自由地飘扬。人们在此安放平静的生活，高昂地奏响生命的欢歌，在这条氤氲着历史韵味的老街上肆意徜徉。漫步在这条穿越千年历史长河的老街，你既能感到沁透全身的惬意和舒适，也能体会到那份刻满历史斑驳印记的厚重和深刻。可以说，走一趟牌坊街，你就能了解潮州这座古城的前世今生，感受她永远跳动着的脉搏和舞动着的灵魂。

走累了，就出城倚靠在湘子桥边上吹吹清凉可人的江风吧。横卧在滚滚的韩江之上，潮州湘子桥以另一种冷峻却温厚的姿态凝视整座古城，这自由流淌、一泻千里的江水也造就了她昂扬向上、奋发有为的精神面貌。我静静地站在桥上，望着这如丝绸般丝滑流淌着的江水，远处那段隐约显露出的大桥轮廓也映入眼帘，带着一种苍凉的朦胧美。用手轻柔地摩挲着透凉却有温度的栏杆，我能切实地感受到这座桥已浸透着历史的沧桑感，那首童年时常吟唱的潮汕歌谣也自然而然地回响在我的耳畔："潮州湘桥好风流，十八梭船廿四洲。廿四楼台廿四样，二只鉎牛一只溜。"这首脍炙人口的歌谣唱尽了潮汕人对于湘子桥的赞美和留恋。历经时间的洗礼，她还是那样巍然屹立在潮州韩江边上，也屹立在每个潮汕人的内心深处，为身在异乡的羁旅者们带来最温暖的慰藉。当漂泊在异乡的游子们归来远眺这座熟悉的桥时，便会唤醒心中那个装满乡愁的灵魂，那份最自然炽热的情感也油然而生。湘子桥就这样陪伴了一代又一代潮州人走过时代的变迁，见证了潮州的发展和兴盛，也成为这座古城的魂魄和血脉。

"四方食事，不过一碗人间烟火。"潮州的美食以其鲜活的色香味，反映着这座古城中的人们最为平淡温暖的日常。

在潮州，散发着诱人香味的美食可谓各式各样，让你垂涎三尺、回味无穷。热气腾腾的牛肉粿条、馅料饱满的春卷、美味传统的鸭母捻、卤味飘香的烧鹅等，都会在你的味蕾留下一份难忘的回忆。在众多美食中，潮州的粿类是最缤纷多样的，鼠壳粿、红桃粿、无米粿、菜头粿……这是潮州人特有的制作美食的方式，也是藏在每个潮汕人心中的味觉记忆。丰富饱满的馅料、富有弹性的粿皮、细致讲究的制作工艺、齿颊生香的满足与怀念……儿时跟阿嬷一起擀皮、调馅、放进模具成型、蒸煮出炉，乃至吃上热腾腾的粿，这些看似烦琐却充满仪式感的动作，成为了每个潮汕人独特的生活烙印。这样的味道无论历经多久，总会在每个潮汕人的心头中回荡流转，久而不散。因为这是潮州最极具特色的味道，是留在每个潮州人内心深处最怀念的回忆。熟悉的味道在舌尖停留缱绻，刻印在我们的感官记忆中，成为烟火气最生动鲜活的象征。

潮州人有着最为深刻虔诚的信仰，如一团炽热的火焰永远燃烧在每个潮州人的心间。

初识潮州，我们总会向外地游客介绍韩愈。潮州人都亲切地称韩愈为"韩文公"，可见韩愈对潮汕地区的影响之广泛，而其中便有一段广为人知的历史。史书曾记载，韩愈因直言进谏忤逆龙鳞，被朝廷贬谪到荒凉偏远的岭南之地——潮州。而他一来到潮州，便为潮汕的民众做了许多善事。他为潮州兴办教育、驱逐鳄鱼、兴修水利……虽历经万般磨难，自己的仕途也并不顺遂，但韩愈仍怀着仁慈之心在潮州洒下恩泽的光辉，尽力改善潮州人民的生活，为促进潮州的发展鞠躬尽瘁。

就这样，潮州这座不起眼的小城因为他的到来而播下文明的种子，行驶在发展的快车道上。世代潮州人对韩愈有着深切的感恩之心，朴素而热烈地崇拜他，以至于把他当成一种虔诚的信仰。因此，为了纪念韩愈这位拯救潮州的大功臣，潮州许多地方的命名都带有"韩"字，如韩文公祠、韩江、韩山等，这寄托着这个地区的人民对于韩愈最为深切的怀念和感恩。

我曾看过一篇文章，文章中出现的一句话令我至今印象深刻，那句话是"潮汕是最接近神明的地方"。其实，在潮汕人最热衷的事情中，拜老爷毋庸置疑占据一个重要的地位。我们总把这里所谓的神明叫作"老爷"，他可谓每个潮汕人的信仰和崇拜。在潮汕的众多祠堂或寺庙，随处可见萦绕的香火灼灼燃烧，烟雾缭绕于四周飘散，人们在极具朦胧美的环境中虔诚地拿着香烛闭眼跪拜，口中碎碎念一些内心对于未来的期盼，渴望老爷能保佑全家人平安兴顺。

每当这时，我就会不由得感慨潮汕人那深入灵魂的崇敬和信仰。儿时阿嬷边清点纸银边低声祈福的场景又重新浮现在我的脑海。儿时的我不懂大人为何要做这些烦琐的事情，有时也会大胆狂妄地鄙夷他们所做的种种在我看来固执而多余的行为。究其原因，便是当时的我并不十分信仰这些所谓"神明"，也无法对他们在某些特定时刻"拜老爷"时所表现的虔诚之心感同身受。

多年以后，随着心智的逐渐成熟，我开始对这神明产生一种矛盾复杂的情感。我既承认这神明的存在，向他不断祈求来日安顺健康，又在心中保有一份残存的执念，不肯把所有寄托在这看似虚无的存在。后来，我读到了史铁生的以下这一段话："才听一位无名的哲人说过：危卧病榻，难有无神论者。如今来想，有神无神并不值得争论，但在命运的混沌之点，人自然会忽略着科学，向虚冥之中寄托一份虔敬的祈盼。"这便彻底解决了我内心深藏已久的那个矛盾。

原来，我一直以来只关注到潮汕人民向神明祈祷时那一套套烦琐的流程，耳边只听见他们清点纸银时的念念有词，却未曾凝望他们向神灵跪拜的身躯下那一个个富有生命的灵魂，未曾在熊熊燃烧着的香炉迸发出的耀眼火光中窥见一种文化的传承和信仰的延续。或许每个潮汕人都是这样，并不是出于封建迷信而被迫做出这样的选择，而是为内心那份对于美好生活的热爱和渴望寻找一个可以安放的寄托。当在某个瞬间，生命的运转失去方向，到达一个命运的浑浊点时，那个寄托——即所谓神明，就会给我们一种无以言说的温暖慰藉，我们也仿佛能在身后听到一句熟悉的家乡话柔声轻语地回响着："别怕，老爷保号你兴兴顺顺。"

潮州的声音是富有温情和生命力的，像初夏的微风吹动一蓬蓬茂密的树叶，在无人的山间中轻轻飘落。

踏着古老的青石板路，敲响微微掉漆的铜环门把，抚过一扇斑驳褪色的木门，耳边偶尔传来某个小院的阵阵潮剧小调和童声歌谣。《荔镜记》中那句"宝篆香销，银台烛谢，半规残月照疏棂"是令人怀念的经典文雅唱词，"天顶一粒星，地下开书斋。书斋门，未曾开，阿孥拼爱食油堆……"则是大人哄儿时的我入睡时轻声哼唱的摇篮曲。

也许正是有了一层历史和文化的氤氲，潮州人的生活一直过得闲适惬意、宁静从容，就像一首悠长绵柔的笛曲，缓缓地在人们的回忆里流淌，滋润着每个潮州人的心田。

走进平常人家的宅院，一声声热情的"吃饱未"则是潮汕地区主人对客人最亲切的问候，满是关怀的嘘寒问暖体现出潮州人的温情好客。若是吃饱了，主人一定会为你沏上一盏冒着热气的潮汕工夫茶。作为国家级非遗珍宝，潮汕人一直以这门手艺为傲。用工夫茶款待客人不仅是待客之道，也是展现潮州形象和文化的重要方式。无论何时何地，潮汕人总爱沏上一盏盏温热飘香的工夫茶款待四方来宾，冒着热气不断沸腾的清水、茶杯之间碰撞发出的清脆声、主人一句句响亮卖力的"快喝茶"……这些都是属于潮州的声音，历经岁月和时间的洗礼而越发清亮动人。

潮州的人是温良而质朴的，却也具有敢闯敢拼的韧劲。

热情好客是绝大部分潮汕人的个性特征。无论是日常的一声"吃饱未"的寒暄，抑或是饭后一杯永远沸腾的工夫茶，潮汕人总在用实际行动传递那份人间温情，带给每一个有缘来到潮州的人们最温暖真实的感受。除此之外，世代潮州人在永葆善良质朴的同时，也在内心深处留有那份敢拼敢闯的韧劲，可贵的红头船精神就是其中一个体现。史书曾记载，昔日潮汕人乘坐红头船远渡重洋，到海外谋生，在陌生的国度繁衍生息，艰苦创业。这些船因船头油刷朱红色而得名红头船。由于潮汕历代原称潮州,故潮汕红头船也称潮州红头船。在今日,红头船精神已穿越历史阻隔,成为承载潮汕人满满思乡情,联结华侨同胞的精神纽带。

习近平总书记在来到潮州之后,也深情寄语潮汕人民:乘势而上,起而行之。这是对潮州最殷切的期盼。而未来的潮汕人一定会继续发扬难能可贵的探索精神、与时俱进的创新精神和永不言败的坚韧精神,将潮州建设得更好。

作家席慕蓉曾深情地写道:"离别后,乡愁是一棵没有年轮的树,永不老去。"的确,我们从儿时起便已经习惯家乡的生活,甚至于感到厌倦和无趣。那时的我非常好奇地仰望头顶那片四角的天空,用稚嫩的小手兴奋地勾勒出远方的模样,徜徉在关于外面世界的缤纷想象中。久而久之,我想要离开家乡的想法就越发强烈。我曾这样固执地渴望挣脱这个小地方的束缚,渴望开阔眼界,扩大视野,去更加广阔和自由的天地探索和打拼。而当我们真正长大离开家乡的庇护后,身处异乡的我们心中却多了一份惆怅的乡愁。

在离开家乡到广州读大学的那段日子里,我能够真切地感受到身处喧嚣而陌生的大城市所带来的那种无法安放的孤独感,还有快节奏生活所带来的莫名的空虚和迷茫。远离了宁静自由的家乡,我们的确能够体会到一些未曾有过的人生经历;但在某个瞬间,我们又会忽然开始怀念那个静谧安宁的家乡,怀念那些儿时再熟悉不过的人和事。

无论何时,我都会永远记得潮州的人、美景、美食、声音、信仰等一切和她有关的生动鲜活的事物。或许在若干年后的某个落寞时刻,回忆在家乡的那些温暖点滴,疲惫和迷茫将会烟消云散,转而被一阵不可言说的强大力量所鼓舞。于我而言,那份乡愁与其说是怀念,不如说是从内心萌发的渴望家乡继续发展前进的心愿。因此,我将永远怀着这样一股热情的期盼,愿我成长及所爱之地永远年轻、潮起不落。而我也会继续珍藏这份情感记忆,充满力量地继续前行。

小镇悠然

2022级 黄 钹

  一条澄澈的河流是月牙的模仿者，月牙弯弯，河流蜿蜒。也不知道这河是分隔的边界，还是联系的纽带。河的两边各是一座城镇，不是灯红酒绿、霓虹炫目的城市，也不是炊烟袅袅、古色古香的村子。落日余晖的黄昏晕染城镇，寥若晨星的镇里人慢慢地行走着，包围城镇的小山丘披上彩云的华丽面纱，明镜似的河面映着三五成群的飞鸟，小镇悠然，小镇的一切都悠悠然。

  灰蒙蒙的一片，连地平线都不知位于何处。钟楼的大钟缄默着，好似怕吵醒熟睡的人们。小镇在深夜和凌晨的交界处就小心翼翼地显露出悠然。

  未见清晨的熹微，便先听到公鸡的鸣叫声，这大概是镇子离附近的村子不远的缘故。过一小会儿只剩几点星光，小镇的人间烟火揭开一天的序幕。位于镇中心的集市苏醒过来。而集市里最早出现的身影是肉贩们。笼子里的鸡鸭、系在杆子上的羊、尼龙捆绑着的牛肉，无需震耳欲聋的叫卖声，就能招来连绵不断的问价还价，在案板上被剁成一块又一块，最终由心满意足的家庭主妇们带回家，化身餐桌上香气扑鼻的佳肴。卖菜的也是趁着蒙蒙亮的天把还带着露珠的青菜载过来，然后似是炫耀珍宝那般地摆在摊位前，只待他人问价。

  晶莹剔透的露珠在含苞欲放的蓓蕾上缓慢地滚动，也许它也在赖床？小镇的早晨很简单，把早晨看作一张白纸，上面简笔画的主角就会是上班族和学生。这样一幅简笔画，也蕴含着悠然之意。

  当然了，无论是何处的上班族和学生，促使他们每天早起的动力很难说是热爱，还是工作或学习带来的压迫感。不过在这两座"慢下来"的小镇里，他们之中的很多人是慢悠悠地骑着电瓶车、自行车。可能是昨夜的雨声滴滴答答，在沉寂中弹奏了一曲婉约灵动的安眠曲；也可能是一枕槐安，恍若深坠桃花源处而不肯离去。浓浓的困意仍然缠身，惺忪的睡眼只能在晨风的抚摸下逐渐睁开。思绪似乎夹杂在风中，随那个风飘啊飘。等到了目的地，才依依不舍地回到主人脑中，伴随着主人开启这一天的挑战。

日头爬到半空中了，世间万物都被涂抹上一层金黄。这时凑近挂晒在外的被子，就已经能闻到阳光的味道了，细细一嗅，还有悠然的味道。

人们常说，正午是一天之中最有烟火气息的时候。家中的抽油烟机总像火车头一样轰鸣，三尺灶台之中一勺锅铲肆意爆炒，即使盖上锅盖，香气依然阵阵袭来。于是，最后在餐桌上，深红的肉滋滋冒油，翠绿的菜爽口鲜香，珍珠白的米粒粒饱满，吞入肚里回味无穷。这样全家围在圆桌享受美味的情形不仅是出现在我家，更是出现在你家、他家、小镇里的千万家。美餐一顿之后，一壶清茶再入嘴，苦涩后的回甘取代食物残渣的腥臭，难怪说品茶如品人生……

小憩之后，红日西移，为镇子带来最舒服的日光，万物复苏的生气蔓延在镇子里。蔚蓝的天空因为有朵朵白云，显得更加柔美。鸟儿慵懒地盘旋于这湛蓝苍穹，镇子里各色各样的事被它们尽收眼底。

有人靠在窗边，嗅着书香，用手指轻轻翻过沐浴在阳光下的扉页，反复咀嚼、品味每一个文字。"一花一世界，一叶一菩提。"在静静看书的人眼里，一本书又何尝不是一个属于自己的小世界呢，沉浸于此，已然是最大的乐趣。

有人循着鸟语花香，漫步于镇山公园。公园本身就是一座山，也可以说山本身就是一座乐园。断断续续的人群中不只有来绕着圈散步、慢跑的，有来惬意地躺在半山坡享受青草的拥抱的，还有来山底下放声歌唱乡土气息浓厚的山歌的，以及来山顶亭子上眺望整个城镇。人们来公园时是为了寻找不同的快乐，离别公园时则都带着明媚而悠然的微笑。这份笑容不会搁浅在林荫树海，不会遗忘在斜阳石径，不会萦绕在隽秀古亭……因为人们发自内心地快乐。何乐之有？悠然之乐！

"天长落日远，水净寒波流。"小镇黄昏是橘红的，是淡紫的，是明黄的。天际线上划过一片一片的霞光，像是在为话剧高潮作环境铺垫，炽热的太阳是那个主角，在即将退幕之时一步步接近山丘，给予他深深的吻。石窟河欢快地流淌，泛起来层层涟漪，而河两岸的勾栏忽然间闪耀出璀璨的光芒，如同一颗颗夜明珠串成丝带，这一定都是在为这美好的一幕鼓掌的观众。玩得尽兴而归的老人，忙碌一整天后放松的职工，脑里默默记忆着所学知识的学生，他们在路上"笃嗒笃嗒"的脚步声，是为这悠然的黄昏而配的罗曼蒂克的古典音乐。

夜幕时分，抬头而望，一弯新月挂幽蓝，繁星似钻，点缀出几分神秘，低头一看，挥洒下来的光，穿过窸窸窣窣的叶子，落下斑驳零星的树影。扫视四周，扇扇窗边勾勒出小镇人们歇息、餐叙的身影。茶余饭后，一家子偶尔齐聚客厅，边看电视边说着今天的趣事。不过更多时候，还是各有各的夜生活。

老人还是最爱一群人坐在村口的那种感觉，所以在小镇里也常常会集合在小区门口或是一家熟悉的杂货店。无论是相互八卦聊天打扑克，还是独自扇风闭眼打瞌睡，对他们来说都是悠然、惬意的。

小镇的中年人没那么喜欢这样东家长西家短的闲聊，但不意味着他们就只会龟缩在家追剧、养生。他们热衷于约上三五好友，给自己三餐以外的犒赏。冰爽可口的啤酒伴着大排档里的美食，让他们卸下工作时伪装的甲胄，率真、爽朗、痛快地大笑。

孩子们是不够自由的。毕竟初高中的作业都需要几个小时来写，往往只能乖乖待在家中、学校教室里。不过一旦遇到假日，好玩的天性便会完全释放出来。待到球场的路灯熄灭，商场的大门关闭，孩子们的身影才逐渐在街道上拉长，哼着悠悠然的小调回家。

小镇的夜会深得比城市里的夜早，也会更漆黑。小镇里的人会睡得比城市里的人早，也会更安心。深夜的小镇是巨大的摇篮，小镇里的人在里面酣然入睡。

小镇悠然，小镇的日日夜夜都如此悠然。

春城此刻正烂漫

2022 级　李禹璇

该怎么说我的家乡昆明呢？

也是离开昆明才知道，原来我是如此深爱着那片我生活了十八年的土地。即使是从经济没有那么发达的二线城市来到了广州这样发达的一线大城市，我还是深深地依恋着那片生我、养我的土地。可以说，我就是一个"家乡宝"。

第一次走出云南，来到了一个云南人属于"稀缺物种"的地方。和新朋友们聊天时，朋友们对我"骑大象上学"的一句玩笑话深信不疑。我在忍俊不禁的同时也大受震撼——原来还有那么多外省的朋友对我的家乡有误解，原来我司空见惯的玩笑在我的朋友们心中是可能存在的客观事实。在广州生活了一年后，对比着二线城市与一线城市的差异，比较着滇爨文化与岭南文化的区别，我不禁重新审视：昆明，到底是一个什么样的地方？

在广州读汪曾祺先生的《昆明的雨》，似乎是有种不一样的感觉。当我看到有着淡淡麦香味儿的、有着些许泛黄的纸上写着"翠湖""黑龙潭""大观楼"这些熟悉的地点时，心中的感觉无法言说，更不必说"鸡枞""饵块""小锅米线"这些我在家天天都能吃到的美食了。读了许多汪老先生笔下的昆明，一遍又一遍，不断咀嚼玩味这些看起来熟悉而又陌生的文字，我方才惊觉，原来外乡人笔下的昆明是这样的。

那么，我作为一个土生土长的昆明人，我笔下的昆明应该是什么样的呢？我眯着眼睛，试图从我的成长轨迹中窥见一二。

闭上眼睛，脑中灵光乍现，首先映入眼帘的便是春城的花。

"春城无处不飞花"。作为"春城"的昆明，四季如春，气候宜人，常年都是令人舒适的温度，空调一类的降暑工具压根儿就不需要出现。因此，这里便成了花的天堂，鲜花成了昆明很大的一个特色。在云南民间流传的"云南十八怪"中就有这样一"怪"——"四季鲜花开不败"。常居昆明的我，开始并没有感受到昆明的花有多么值得一说。直到我来到广州，发现这里的鲜花并不是随处可见的，发现广州的鲜花价格是昆明的几倍，发现在花店随手买的鲜花上面的产地都标着"云南昆明"……我倏然意识到，原来鲜花已然成了昆明的一张名片。

春城有什么花呢？茶花当属众花之首。滇茶曾被选为云南省的省花。张岱的《陶庵梦忆·逍遥楼》里便提到过滇茶花，语云"滇茶故不易得，亦未有老其材八十余年者"，并且称其为"滇茶一本"——云南茶花天下第一；明末清初诗人彭孙贻的《滇茶》一诗中也写到过"名花初发夜郎西，万里春风度碧鸡"。从古至今，滇茶都是历代文人所青睐的。在我的记忆中，每每与父母朋友去逛譬如金殿或是昙华寺这样的公园时，总能看到一个单独的茶花园。走进中式传统建筑园林的茶花园，走进圆形的拱门，一盆盆茶花在雪白墙壁的映衬下散发着独特的魅力。山茶花的颜色与其他鲜艳的花朵不一样，它的红不是张扬的大红，而是偏暗的复古酒红。不会让人觉得刺眼，亦不会过于沉默而无法融入大千世界的热闹。辅以墙壁上略显凌乱却又不失美感的草书和山茶若隐若现的沁人香气——一幅山茶水墨画卷便展现在眼前。

再说说缅桂花吧。缅桂花的学名叫白玉兰，曾是我童年整个夏日的记忆。每到夏天缅桂花绽放的时节，在林荫小道上漫步，不论哪个角落都能闻到缅桂花袭人的香气。缅桂的香味儿似桂花，却比桂花还浓，而且有种不可抗拒的侵略性——只要你踏入它的地盘，便必须吸入这浓烈的香气。但奇怪的是，不像夜来香那香到令人头晕目眩的香气，缅桂花的香，令人心醉，令人着迷。记得从前每次幼儿园放学时，回家的路上总能遇到街边有卖缅桂花的老太太。满脸皱纹的老太太头上裹着扎染而成的深蓝色头巾，挎着竹篮子坐在路边。雪白的纱布铺开，在上面摆好用线穿好的一串一串的缅桂花。篮子里有时还会放着几块"丁丁糖"（即麦芽糖）。老太太用敲糖的铁锤敲出"丁丁糖"的声音，吆喝着"丁丁糖，丁丁糖，吃了不想娘"（吃了甜甜的糖就连娘都不想了）。爱美又贪吃的小姑娘便会哒哒哒地跑过来，拿起一串缅桂花爱不释手，盯着篮子里的"丁丁糖"迈不开脚。无奈的大人便会给小姑娘买一串花戴在胸口或是头上，买一块糖给小姑娘解解馋。缅桂花从母体摘下后不易凋谢，且香气几日不消，可戴多日。戴上一串缅桂花，以后几日内都是香气萦绕，久久不散。

而蓝花楹是不得不提的。儿时的记忆中是不常见这种花的。2018 年左右，昆明蓝花楹大火，我方才猛然间发现我曾生活的地方处处是蓝花楹树。夏天是众花凋谢的季节。除了池塘里开得正欢的荷花，夏天似乎就没什么花赏了。荷花曾是我的心头之爱。可这大片大片诱人的荷花偏偏开在水中，给人一种"所谓伊人，在水一方"之感，可望而不可得，可远观不可近看。时间久了，便会让人心生遗憾和厌倦。而蓝花楹不一样，它亦是盛夏开放，让人们在略有燥热的天气中可以沉下心来赏花、观景。且蓝花楹生长在陆地的树上，除了仰头看花，更可以随手拾起被风吹过而不慎掉落的花朵端详一番。蓝花楹的花朵不像其他花有着清晰的花瓣，它是细长的花形，花瓣连为一体，有如喇叭花一般。但蓝花楹最特别的点还是它的颜色。在大部分花朵都是红色系的花花世界，蓝花楹独树一帜地展示着它独特的颜色——介于蓝色和紫色之间的蓝紫色。而且每一棵蓝花楹都有它自己的想法——每一棵蓝花楹的花朵颜色都不一样。有的偏蓝，有的偏紫。一排一排的蓝花楹便形成了一幅颜色深浅不一的水彩画。好像调色盘一样，明明都是蓝紫色，却能做到每一棵的花色都不一样。层次分明，美不胜收。犹记 2019 年的夏天，我与父母到教场中路看蓝花楹。举着相机的人密密匝匝、来来往往；蓝雾迷人眼，风飞蝶也舞。一辆巴士缓缓开过，蓝花楹的花朵就掉落在车顶上——有那么一瞬间的恍惚，我怀疑我在漫画世界里。清风拂过我的发梢，花朵被晚霞亲吻着打着旋儿落下，路两旁的高大蓝花楹在晚风中簌簌作响。一抬头就看不见树冠，好像上面藏着一个神秘的世界。若是汪曾祺先生仍在世的话，定也会为这繁花似锦的美景所陶醉，甚至专门写一篇《昆明的蓝花楹》歌以咏志。

"春城"亦是"花城"，更不必说春天圆通山满山的樱花、世博园沁人心脾的郁金香、广场上大簇大簇的绣球花、公园里一串一串的紫藤花、墙沿随处可见的叶子花、斗南花市价格与白菜平起平坐的大束五颜六色的玫瑰、冬天不惧寒风仍竞相开放的腊梅花和玉兰花……

花开花落，花落花开。唯有昆明四季春常在，鲜花相伴朝朝暮暮。彩云之南，春光如故。春城无处不飞花，此刻正烂漫。

学习研究

茅盾文学奖的现代转型与历史使命
——以茅盾文学奖获奖作品为例

2021级　尹科颖

摘要：茅盾文学奖作为中国久负盛名的长篇文学奖项，无疑具有一定的影响力。由茅盾先生创立的茅盾文学奖带有沉重的历史烙印，风格上也受到现当代文学的影响，这也影响到了茅盾文学奖评奖规则的定型。近年来茅盾文学奖却饱受争议，不少名家对茅盾文学奖的评选规则提出了质疑，其中包括恪守传统、普遍性较低以及因循守旧等问题。一个奖项从过去走到现在，随着外部环境的不断变化和时代审美取向的改变，会出现各种问题。以部分获奖作品为例，结合历史发展，足见茅盾文学奖的历史使命和它在当代对自身地位的把握。

关键词：茅盾文学奖；现当代文学；现当代小说

茅盾文学奖作为中国重要的文学奖项之一，于1981年在茅盾先生的支持下成立。奖项的设立旨在推出和褒奖长篇小说作家和作品，所以也被称为中国长篇小说最具影响力的文学奖项。茅盾文学奖在中国文学界拥有不可撼动的地位，但近年来也饱受争议：作品选择的偏颇、个人与理想主义的缺位以及评判标准的固化等等都成为外界质疑的原因。在今天的讨论中我们更多探讨的是茅盾文学奖所承载的历史重量，以及它作为一个跨越时代的奖项，如何在继承了当代文学的标准的同时做出改变，并在今天传达了什么样的声音。

一、茅盾与茅盾文学奖面临的问题

提到茅盾文学奖，我们不得不简单了解茅盾先生。作为现当代的著名作家，茅盾先生活跃于 20 世纪 60 年代至 20 世纪 80 年代，其写作风格沿袭了时代特征，侧重于描绘历史的横截面以及史诗性的写作，代表作《子夜》则重点突出了这一特征——这部长篇小说以 20 世纪 30 年代的上海为背景，围绕着民族资本家吴荪甫与买办赵伯韬之间的尖锐矛盾和斗争，浓墨重彩地描绘了中国民族工业在买办资本与封建专制的夹缝中求生存的画卷，以丰富的思想内涵对旧中国的社会现实作了深刻的剖析，也因其现实主义深化和宏大历史时空叙述的写作享誉于世。[①] 茅盾一生不仅与文学息息相关，更是与时代的洪流共进退，他时刻站在国家和时代的最前沿，先后担任过中国文学艺术界联合会副主席和中国文学工作者协会（现中国作家协会）主席，在 1945 年后更是担任中国人民政治协商会议第一届全国委员会常务委员会委员、中华人民共和国文化部部长、中华人民共和国第一届全国人民代表大会代表等职务。政治融于文学，文学反映时代政治——这典型的创作风格和创作意向可以说是深受时代影响（或者称之为主动靠拢）的作家无可避免走上的道路。

从茅盾先生创作的环境和风格来看，我们不难分析出一个需要通过文学作为宣扬时代途径的文学家兼政治家，茅盾为何选择长篇小说这一能表现时代的广阔的方面作为他遗愿中提到的表彰的对象；再加上当代文学致力于刻画英雄人物与工农阶级，力求体现当代政治导向，表现现实社会的现实主义叙事要求，茅盾文学奖的诞生可谓是对当代文学风格的一脉相承。但是诞生于 1981 年的茅盾文学奖又处于文学转型发展的融合期：表现革命历史固然是时代的主流，但是因"文革"时期受到"四人帮"迫害、文学创作激情被苦苦压抑、文学创作的思想要求局限等等原因，大批伤痕文学、反思文学类别等更偏重刻画个人内心波动、关注个体内心需求的作品在这期间涌现，更不用说后期发展起来的先锋文学与寻根文学中运用的"零度叙述"这种模糊视角的新型叙事手法对于传统叙事的冲击——于是茅盾文学奖权威在如今出现的"矛盾"问题逐渐浮出水面：传统的标准正在众人的质疑下被动摇。

---

① 文学常识编委会. 你必须知道的 2500 个文学常识 [M]. 重庆：重庆大学出版社，2012：216.

二、从茅盾文学奖获奖作品分析其转型

仔细观察茅盾文学奖从开始到近年来的得奖作品，不难发现"宏大叙事""现实主义""史诗性"的突出特点[①]——深入解读一下，相当于返回当代文学评价的标准中：从叙事角度出发，宏观上对时代和社会的宽度和广度进行深入而细致的描绘；从叙事手法出发，讲求真实再现的现实主义风格；从篇幅长短出发，通过长篇的"史诗"进行深度刻画。

这三个评判指标无疑是评奖的重要原则，从浅层面解读可以说与先前并无不同，那么茅盾文学奖真的如部分学者所说只是"冥顽不灵的老古董而不知时代进退"吗？这种判断当然是武断的。任何事物都无法在短时间内进行更新与修改。对比分析茅盾文学奖诞生伊始及近年获奖作品，我们尝试找出茅盾文学奖在固有的框架里的改变与尝试。

第一届（1977—1981）的茅盾文学奖具有里程碑的意义，在历史中也有着不可磨灭的痕迹。文学在进入 20 世纪 80 年代后，并没有瞬间从"十七年文学"与"文革"文学的主流创作思想中剥离，这时候的创作也带有浓重的历史烙印和时代印记：周克芹的《许茂和他的女儿们》以 1975 年冬工作组来到四川农村开展整顿工作为背景，描写老农许茂和他的几个女儿悲欢离合的故事，反映十年动乱给农民带来的灾难及农民的抗争和追求。作者周克芹创作本部作品的素材来源于他"文革"期间在农村生活时，目睹林彪"四人帮"对于农村老百姓的迫害，这种迫害不仅是身体上的，更是思想上的锁链。于是作品从许秀云的婚姻波折出发，以小见大，透视这个偏僻山村所发生的政治风暴，反映出深广的时代内容。[②]

《芙蓉镇》描述了湘南一个偏僻乡村小镇上卖米豆腐的"芙蓉仙子"胡玉音的命运故事，同样是以小人物的命运沉浮包罗万象——被称为"寓政治风云于风俗民情图画，借人物命运演乡镇生活变迁"。与《许茂和他的女儿们》相类似，《芙蓉镇》同样是以"文革"为故事背景，主角胡玉音与秦书田两人从刚开始农村经济复苏，自力更生到"四清"时期被扣上资本主义的帽子，最终拨乱反正后回归生活的正轨，与此同时批判他们的李国香和王秋

---

① 丛治辰. 茅盾文学奖的"表"与"里"：以茅盾文学奖评语及授奖辞为中心 [J]. 小说评论，2020（6）：52-64.

② 陈建功. 中国现代文学馆馆藏珍品大系·手稿卷 [M]. 北京：文化艺术出版社，2010：354.

赦却在起起伏伏后落得悲凉的下场，王秋赦更是日夜喊着"阶级斗争"的口号，成为可叹的时代尾音，揭示了社会动乱对人民的伤害和社会恢复让人民重获新生与幸福。强烈的现实主义题材，以及将人物放置在大环境下进行叙事，最终又从人物的命运中提取出时代的变迁，这种深度与广度并存的宏大叙事早在"十七年文学"中就有所体现。可见，茅盾文学奖初期的选择仍旧承载着历史赋予的厚重使命感，对历史进行透过具体形态去挖掘深层的内涵的思考。

到了20世纪90年代，随着文学思潮的变化，茅盾文学奖在坚持宏大叙事原则的同时，也逐渐容纳了其他要素。洪治纲曾指出茅盾文学奖"对小说在人的精神层面上的探索缺乏关注"①，这也是新的美学标准崛起后大部分质疑者所持观点。不过此种说法委婉，也给出了周旋的空间。第五届获奖作品（1995—1998）——王安忆的《长恨歌》同样是借上海弄堂小姐王琦瑶的一生，来讲述上海这一城市的发展变化。但比起时代的变迁，很明显王安忆将更多的笔墨放置在王琦瑶人生故事的描写当中，其中不乏王琦瑶内心隐秘的波动与世俗的欲望，以及她作为一个"女性"的视角对于男女关系、女女关系的凝视与处置。《长恨歌》也更像是一本以历史为基底，揭示以王琦瑶为代表的弄堂女性在家庭、朋友、爱情和金钱等各种因素影响下走向宿命悲剧的通俗小说，女性作家对于王琦瑶内心世界细腻的揭露也让这部小说显得更加"私密"，揭示了女性深层的精神面相。

还有一部值得一提的作品——阿来的《尘埃落定》。出身藏族的作者阿来以藏族历史为背景，从麦其土司家"傻瓜"儿子的独特视角出发，描绘出藏族地区康巴藏族土司制度下藏族人民的生活与历史画卷。只是看过小说的人很难将《尘埃落定》完全归入到"现实主义"的分类当中，虽说小说是以真实的历史为背景进行创作的，但是描写所运用的手法可谓光怪陆离，再加上宗教制度的神秘莫测更是为小说增添了一层超现实的魔幻主义色彩②——这也是为什么《尘埃落定》在获奖时引发了相当的争议：强烈的非现实色彩与茅盾文学奖一直以来的标准格格不入。但换个角度出发，评委组在尽力将《尘埃落定》归于现实主义标准中却不否认其同时兼用了表意手法，是否也可以理解为茅盾文学奖正在另一个角度为加入新的时代标准而努力呢？

---

① 洪治纲. 无边的质疑：关于历届"茅盾文学奖"的二十二个设问和一个设想[J]. 当代作家评论，1999（5）：107－123.

② 丛治辰. 茅盾文学奖的"表"与"里"：以茅盾文学奖评语及授奖辞为中心[J]. 小说评论，2020（6）：52－64.

和第一届获奖作品相比,茅盾文学奖在20世纪90年代似乎做出了更多的让步,当然这也和20世纪90年代大众文化的迅速兴起不无关系——从文化理论的角度来说,文化已然从对社会进行否定和批判的文化逐渐向肯定式的文化转变,市面上也出现了不少文化消费商品,文化商品化的趋势已不可逆转。文学创作也不再局限于宏大题材,其他题材大量涌现,作家对于个人内心世界的探讨需求也同样不可忽视。到了第七届茅盾文学奖(2003—2006),麦家的《暗算》以强烈的个人传奇色彩在获奖作品中显得格外突出,当时的授奖辞也承认了这一点:"《暗算》讲述了具有特殊禀赋的人的命运遭际,书写了个人身处在封闭的黑暗空间里的神奇表现。"[①]首先是关于英雄形象的构造,传统意义上的英雄应当是像江姐、许云峰和周大勇等有着出色胆魄、光明磊落又一往无前的形象,可是在麦家笔下的"英雄"是为特工形象,有着个人封闭的特点,这与传统的英雄形象可以说是大相径庭:无论是脆弱且奇丑无比的、发现自己爱人偷情而偏激自杀的阿炳(第一部《听风者》主角),还是风情万种、无法无天甚至到了不知羞耻地步的黄依依(第二部《看风者》),他们的形象都站在道德边界之外,与传统背道而驰。结合大众文化兴起的背景,我们确实发现群众的审美取向发生了变化,对千篇一律的"英雄"产生了不可抗的审美疲劳,这时候麦家笔下的特工主角在带来新的感官刺激的同时又开辟了人物(神秘的特工)描写的另一维度。《暗算》的获奖恰恰反映出茅盾文学奖的评选在寻求新的突破,却并没有脱离最基本的现实主义方针。我理解中的现实主义不再只是所谓主流的、正确的"现实",而是将范围进一步扩大到了真实的"现实",于是才让反传统的新英雄形象得到了肯定,作家的内心升华思想也得到了更多表达的余地,对自我个体的探索也不再与描写宏观外部站在对立面,这一步蕴含着重要的肯定信息。

三、茅盾文学奖的历史使命

但我们不可否认的一点就是茅盾文学奖对于"历史"的偏爱,从姚雪垠《李自成》到王旭烽的《茶人三部曲》,再到熊召政的《张居正》和徐贵祥的《历史的天空》,历史题材小说一直占据着半壁江山,这种侧重当然有它的内涵与寓意——在新时代继续传达历史的声音。"十七年文学"中革命历

---

① 文学常识编委会. 你必须知道的 2500 个文学常识 [M]. 重庆:重庆大学出版社,2012:216.

史题材小说和农村题材小说发挥着不可或缺的作用，其中有许多经典作品在今天的影响力仍不可小觑，相关题材的兴起必定与文化环境息息相关，正如同现今大众文化于社会普遍流行。快餐式的文学泛滥于市场，网络的出现也让写作变得更加简单，当下最流行的网络文学创作门槛低，吸引流量快，只要掌握了合适的故事结构，抓住大众的阅读口味便能一炮而红，随之而来的是更多流媒体宣传如电视剧、电影和广播剧等。历史题材小说似乎已经从年轻一代消费者的视野淡出，除了学校的必读书目规定，大部分人都不会主动深入研究现当代文学作品。

可是历史的积淀与民族的文化是一个国家的思想文化组成最重要的一环，没有民族文化和历史瑰宝奠定的文化根基，就没有如今中国百家争鸣、百花齐放的文学界。为了防止民族历史文化的透明化和隐秘化，推出必要的巩固措施就显得十分重要。而谁来发挥这样至关重要的作用呢？

——一个极具影响力的、可以同时在学术界和民间掀起波浪的文学奖项。

茅盾文学奖所承担的使命，是让民族历史在中国文明社会中延续，让民族文化积淀，在流行中保有一方阵地，而不至于丢失根本。所以为何这一奖项的设置争议不断却始终屹立不倒，恐怕也是文学界对于民族历史小说存在必要性的肯定。中华上下五千年的文明需要通过文字传达，也需要人民群众的聆听方可不断传承。通过茅盾文学奖的影响力、通过作品、通过作家、通过阅读让更多的人在触手可得的快餐文化中与民族的过去面对面——这就是茅盾文学奖的意义所在。当人们翻阅张洁《沉重的翅膀》，他们能感受到中国在改革伊始所遇到的困境与那一代共产党人为突破时代瓶颈与挣脱旧有的泥泞、为建设中国社会所付出的心血；当人们进入路遥《平凡的世界》，他们会感受到中国农村时代历程带来的震撼和中国人根植于泥土当中的方刚血性；更不用说贾平凹《秦腔》中对西北风土人情和故乡的深深眷恋。好的作品能在人们心中留下深深的印记，而茅盾文学奖则用它的影响力和生命力完成传达历史、联系民族的使命，不同作家笔下的中国社会逐渐拼凑出中国几百甚至乎几千年的厚重历史，每一部作品组合起来能让不同读者感知到中国那跳动着的、清晰的脉搏。

从 1981 年到今天，茅盾文学奖走过的时代也经历了不同的文学思潮，在新的美学标准要求下，更多的人提出修改的意见。笔者以为拒绝固化是事物保持活力的重要条件之一，转型也是必要且有利的；同时也应保持茅盾文学奖中尊重历史与对民族文化的敬畏，让这美丽的中国大地作为孕育文化的肥沃土壤，开出更多美丽的文学果实。

视点转移、多元结构与新乡土性
——论《星空与半棵树》的叙述策略

2022级 沈 璐

摘要：《星空与半棵树》讲述了新世纪初十余年间基层社会的复杂面相，大至"星空"、小至"半棵树"，地理范围从北斗村、北斗镇、永安县扩展到省城、京城，矛盾集中于基层公务员、新式农民、村霸三个身份群体之间，在三维之外开拓了四维话语空间，擘画了广阔盛大的人世间。小说通过多重叙述视角的切换和视点转移，以乡土叙述者和异化的四维叙述者金色猫头鹰为主要叙述者，在多声部的交响乐中呈现新乡村想象。小说巧妙地融合了"出访—劝返"的新型离乡/归乡模式，往复式结构、复线式结构、楼梯式结构等情节结构，以及利用对立、荒诞表现小说的深层结构。本文从叙述视角、叙述声音、叙事结构三个角度分析《星空与半棵树》，探讨新乡土小说的叙述模式。

关键词：《星空与半棵树》；叙述结构；叙述视角；新乡土性

《星空与半棵树》是茅盾文学奖获得者、当代著名作家陈彦的新作，由半棵百年老树的失踪为引，围绕"出访与劝返"讲述了秦岭地区乡村的变迁与农村现代化进程中基层治理的现实故事。丁帆评价《星空与半棵树》在融合多种创作方法的艺术尝试中，为中国乡土小说的表现手法提供了一种新的经验[①]。作为新乡土小说的尝试，陈彦在叙述策略方面进行了融合与创新，鸿篇叙事却繁而不乱，以"出访—劝返"的新型离乡/归乡模式作为联结农

---

① 丁帆. 星空下的黑暗与光明：陈彦《星空与半棵树》读札［J］. 中国当代文学研究，2023（4）：105-115.

村现代化进程中几个基层大事件的循环结构。小说选择了多重叙述者,以基层公务员安北斗的视角为主,其他重要人物或某一情节的主要人物的视角为辅,在零聚焦与内聚焦的视点转移中,呈现北斗镇在"点亮工程""铁路建设(采石挖沙)"一系列现代化进程中的碰壁遭遇与发展经验。该小说本质是打破"惩恶扬善"传统主题模式,依托对立、荒诞、救赎与成长结构,建构基层治理下新世纪的乡土社会,通过巧妙的叙述策略为小说增添了悲剧色彩与正剧光辉,新乡土性的本质内涵在叙述中一以贯之。

一、多重叙述者的视点转移

热奈特将叙述视角分为零聚焦、内聚焦、外聚焦三类,在《星空与半棵树》里多种叙事视角同时交叉并存。小说以第三人称叙事,区别于传统的旁观者语气,融入了内聚焦的感受力,将新乡土性气质贯穿小说叙事的始终。新乡土性,在于发掘农村现代化进程中乡土异化的状态。在新兴的工业文化和商业文化蔓延到农村建设的过程中,乡土意识形态发生改变,出现了许多关乎农业之外的生存发展与思想异动问题,如村霸黑恶势力抢占了发展的高地,其他人包括政府干部只能俯首帖耳;面子工程、形式主义、拜金主义、伪生态主义的泛滥。乡土异化问题交由叙述者通过不露声色的自然描述来暴露,并通过视点转移增强艺术表达效果。开篇以零聚焦的视角交代了"大树进城运动"中半棵树的来历与被偷的结局,这是故事爆发的引子。零聚焦意味着全知全能,以上帝的眼光自由转换和展现全景,描述的内容超越人物视角的范围局限,并且没有鲜明的立场,阐述事实,冷静客观,从而为小说营造了一个真实可信的大背景。紧接着作者巧妙地运用了视点转移,交代不同人物对"半棵树"的态度,以内聚焦的方式展现人物的个性与立场。"点亮工程"相关情节也是以类似的方式实现视点转移,以南归雁的内聚焦视角介绍"点亮工程"构想层面的政府工作场景,以安北斗的内聚焦视角描述"点亮工程"生态改造、乡民合作的实施过程,以孙铁锤的内聚焦视角写领导视察"点亮工程"的最终效果。在这一组事件中以叙述人物的立场和形象为标准,选择了不同的内聚焦视角,完整了情节之于事件的意义,拓展了看待同一事件不同进程不同侧面的角度。除聚焦方式以外,小说视角还补充了上下交互的方式,在叙述视角层面贴合"星空"与"半棵树"的对立统一。由温如风形而下的"半棵树"视角探讨现实伦理,由安北斗形而上的"星空视角"引入自然宇宙观的价值思考,交织现实与浪漫。

《星空与半棵树》洋洋洒洒五十多万字,作者在小说的不同章节里选择了不同的人物充当叙述者，其中叙述者大致可分为两类：一是乡土叙述者，二是异化的多功能叙述者，即金色猫头鹰。所有的叙述者紧紧围绕在安北斗和温如风这两个主要人物身边，如同卫星之于恒星。他们通过表达各种社会关系以及社会需求来展现乡土基层的复杂面相。乡土叙述者有别于过去作为启蒙者的知识分子，他们的眼光重新成为关注的焦点，让真正生活在土地上的人物说话，丰富了作品的乡土气息与真实的沙粒感。小说前八章里重要人物温如风、孙铁锤、何首魁、安北斗以及串联首尾的次要人物牛存犁、南归雁，他们逐一出场，揭开了"星空与半棵树"的序幕。作者极具功力地将所有人物都拉到了同一起点，集中小说矛盾，集结主要人物开启"寻星与寻树"的征程。在这八章里，作者基本上为每一个重要人物都立了小传，通过零聚焦的视角、概述的方式倍速交代了温如风、孙铁锤、何首魁、安北斗的姓名由来、家庭情况等，最后采取内聚焦的视角使人物自然地表达生活态度，并对"半棵树"所引发的问题进行表态。每一个人物都有可能成为小说某个截面的叙述者，仿佛作者指挥着一曲多声部的交响乐，围绕着"星空"与"半棵树"的讨论重点来选择声部。乡土叙述者其实是民间视角、民间立场[①]的有效载体，并且为追求真实性与现实性，这些乡土叙述者往往以"可靠"的叙述者姿态出现。小说里的乡土叙述者根据职业身份，主要可分为以温如风为中心的农民、以孙铁锤为中心的村霸黑恶势力、以安北斗为中心的基层干部；根据城乡观念，主要分为离乡派与向乡派。不同的叙述者在描述事件时往往以自己为中心，因此读者能更好地代入该人物的心理流变，身临其境地感受人物的纠结、矛盾。同一事件用不同的眼光看待会呈现不一样的样貌，扩大视域可以增加故事的厚度与层次，同时延伸了阐释空间的广度。在杨艳梅出轨事件中，仅仅靠主要人物安北斗的叙述是完全无法理解前因后果的，只有结合杨艳梅的叙述视角，设身处地在她面临的诱惑与困境中思考她对生活的期待与抉择，才能理解这一情节的合理性。他们具有圆形人物的特征，真实、饱满，没有纯粹的善恶。叙述视角的切换和结合，不仅丰富了人物形象，更是引导多角度的深度思考，触碰到婚姻危机之外夫妻不可调和的矛盾、人性的弱点，以及从他们的分歧中窥探城乡阶层的差距与隔膜。

异化的叙述者金色猫头鹰，它的设置是作者对新乡土小说在开拓现实主义内核之外，在表现形式上的大胆尝试，丰富了生态主义、浪漫主义、荒诞主义的意味。它的多功能性，体现在它在小说中既充当了讲述者、指挥者、

---

① 傅异星. 沟通民间的叙事策略：论乡土叙述者文学史意义 [J]. 西安电子科技大学学报（社会科学版），2008（4）：141 – 146.

评论者以及故事人物，同时还是隐含作者的化身。金色猫头鹰在小说中有真实存在的一面，然而更多的是四维层面的超出常规的艺术操作。作者为自己寻得了一个合适的化身，并且使得该乡土小说更具"星空"特质，自然之物的灵性与超自然的神性。金色猫头鹰的叙述突破了时间的限制，它点到为止的语言为读者留下悬念。同时由于其鲜明的动物性格与生态立场，它的叙述并不完全使读者信服，反而带给作品更多的阐释空间。金色猫头鹰有其独特的叙述环境，它在小说中的出场有这三种方式：第一，出现在剧本里；第二，作者单独设置的"猫头鹰说"系列；第三，在仰望星空却被半棵树牵绊住的安北斗的梦里。金色猫头鹰作为全维度的先知，成为了一个自然主义的符号，它的身上兼具抽象的人性与作为多维空间先知的神性，恪守"对人间灾难的忠诚预警"的责任与使命，洞察人间悲剧与灾难。因此，金色猫头鹰的叙述视角实际上提供了理解"乡土"与"人事"的另一维度①，以悲悯的姿态俯视焦虑的现实。

二、多元结构与叙事模式

（一）"出访—劝返"的新型离乡/归乡模式

"离去—归来—再离去"的叙事模式，也被称为"归乡"模式，② 是鲁迅乡土小说独特的情节结构，通过让归乡者从绝望到希望再回归绝望的心理轨迹，完成人生循环。作为一种经典的结构模式，它承载着特定时代背景下的深沉感情和审美理想，蕴含着人文知识分子对民族国家的想象和建构。③《星空与半棵树》的结构模式与之有一定的互文性，同样的"离去—归来—再离去"的情节设置，同样是为了处理暴露的乡土社会问题，归乡者同样具有区别于一般人的精神觉悟与特质，并且往往承担了叙述者的身份。由于社会对小说声音的要求发生了改变，小说不再探讨绝望的启蒙者如何面对蒙昧而封建的乡土社会，而是突出了新乡土性，探讨新式农民如何面对农村现代化进程中"乡土异化"的问题。陈彦在保留离乡/归乡叙事模式的行动框架

---

① 杨辉. 天何言哉：《星空与半棵树》中的自然和人 [J]. 南方文坛, 2023 (5): 152 – 157.
② 钱理群, 温儒敏, 吴福辉. 中国现代文学三十年 [M]. 北京：北京大学出版社. 1998：7 – 38.
③ 梅周慧. 非虚构写作中的乡土叙事策略：以"梁庄系列"为例 [D]. 武汉：武汉大学, 2017.

的基础上，进行了更多新的拓展，因此《星空与半棵树》的离乡/归乡模式，根本区别于五四时期鲁迅的乡土小说，在一定程度上可以说是脱胎换骨的新模式，具体表现为：一、以离乡/归乡为单元的往复式结构；二、以乡土人物为行动主体，站在民间立场上探讨乡土异化下的个体诉求。

在该小说中温如风以"出访"行为承担了"离乡—归乡"者的角色，《星空与半棵树》故事的引子就在于温如风家半棵百年老树的失踪，并由此引发了一系列关于争取农民权益、揭发村霸黑恶势力的事件。温如风离乡是为了寻树、讨说法，除了最后一次，基本上每一次离乡的结局都是被劝返归乡，委屈得不到宣泄，正义得不到伸张，在安北斗的劝说下或高调或低调地回到北斗村。温如风在小说里一共"出访"（实际上是上访）过六次。伴随着北斗镇大事件的发展，温如风受到村霸黑恶势力的压迫越来越深，温如风的"出访"强度也一次次得到发酵。"出访—劝返"的新型离乡/归乡模式内含反复性循环，温如风和政府派遣的基层维稳干部安北斗"一去一返"反复上演了六次，使得小说在结构上浑然一体，事态层层推进，暴露的问题也越来越严重。由于部分基层政府干部的"不作为""乱作为"以及对村霸孙铁锤"恶霸一方"现象的放任态度，温如风芝麻点大的个人问题滚雪球式地发酵，变成了关乎自然生态、乡村民风生态与基层政治生态的群体性问题。小说在六次"出访—劝返"中传达新式农民对基层治理以及乡村振兴开发模式的质朴期待。在温如风"出访—劝返"的循环中，安北斗的态度发生了根本性转变，从不以为意、无奈妥协到不耐烦、厌倦再到同情理解，最终支持并帮助温如风上访，因此《星空与半棵树》的"出访—劝返"的新型离乡/归乡模式提供了主要人物成长和转变的契机，通过脱离乡土的典型环境，在一个新的环境中典型人物的性格变化就显得更加明显，当然典型性格的本质还是在乡土的典型环境中养成，其底色是难以消磨的。温如风依然坚持一次次"出访"，并最终得到了安北斗的支持，加上最后乡贤草泽明也出山上访，北斗村三大"星空"理想人物汇合，希望之火终于燃烧！

（二）表层结构与深层结构

结构有表层结构和深层结构两种形式。表层结构强调叙事的流程，包含情节结构，关注作品的完整性；而深层结构与作品深度主题相关，强调作品的审美价值与意义内涵。《星空与半棵树》的情节结构是多重的，既有复杂的复线式结构，又有楼梯式结构的悲剧之美。该小说的深层结构则指向了其所探讨的题材问题、特殊问题、普遍问题与人性内核，以对立、幽默、荒诞的方式构建新乡土社会，以新式农民和基层公务员两个身份群体出发，书写大时代的乡土小人物故事，擘画了秦岭新农村建设的风景画。《星空与半棵树》主要由安北斗和温如风叙述，他们的人生故事哪怕单拎出来也足够戏剧和深刻，然而由于"半棵树"的牵绊，他们的人生发生了交织，在"出访—劝返"的新型离乡/归乡模式之下构成了复线式结构。安北斗爱好看星星，他的家庭、婚姻、事业在没有卷入温如风事件之前有序地运转，矛盾是在他蹲点看守、进城劝返温如风之后集中爆发的，两家从此紧紧纠缠在一起。小说明面上是温如风十余年不断地上访和被劝返的故事，然而暗线是新世纪乡村十余年间发生的巨变，包含乡村现代化建设的路径、乡村合股公司集体经济的发展前途、基层治理的困境、村霸黑恶势力"文明伪装"问题等一系列大事件。小说以寻找"半棵树""小行星"为线索，以猫头鹰的箴言为提示，构成了情节的完成型组合。《星空与半棵树》实际上是一个正剧，结局实现了惩恶扬善的既定走向，然而结局借猫头鹰之口讲述，由于戏剧的独特表现效果，使"惩恶扬善"多了几分不切实、虚幻的意味。温如风在追求正义、合法权益，不断上访的十余年间，他的事业停摆、老屋被毁、家庭受到威胁；安北斗在"维稳""劝返温如风"的十余年间，婚姻破裂、事业停滞。他们的人生似乎一直在走下坡路，在理想的星空下，他们的人生轨迹似乎顺着楼梯向下，这种楼梯式结构具有强烈的悲剧美。

　　荒诞作为现代派惯用的艺术手法，或表现为变形、解体，或表现为行动语言的怪诞反常、环境背景的杂乱无常等，总之它在努力使作品显得"不谐和，失去正常的节奏"，没有逻辑意义。[1]《星空与半棵树》是现实主义题材的新乡土小说，陈彦在此基础上巧妙运用了浪漫主义和荒诞主义的表现方式，利用对立、荒诞的元素，使深层结构的意义阐发深入人心。《星空与半棵树》塑造了众多不同职业身份的、饱满的人物形象，其中安北斗是小说的核心灵魂人物，他既能低下头来脚踏实地，又能抬起头来眼望星空。基层乡镇干部的工作会有多大的难度，需要什么样的风度，应该具备怎样的思想高度，安北斗就是一个标杆性的榜样。[2] 这一人物有强烈的浪漫主义和理想主义气质，然而正是这样的一个人始终任劳任怨地走在基层一线。安北斗和温如风象征的"星空"与"半棵树"本身就是一组对立关系，二者又牵绊交缠，相互统一。还有善和恶的对立，生与死的对立，经济开发与生态保护的

---

[1] 吴莎莎. 乡土的失落与现代性焦虑：新世纪乡土文学的"乡愁"叙事［D］. 保定：河北大学. 2017.

[2] 白烨. 多声部的生活现场，多意蕴的人生活剧：评陈彦的长篇小说《星空与半棵树》［J］. 小说评论，2023（5）：111-115.

对立，为民服务、为官清廉和贪污腐败、官官相护的对立，默默耕耘和投机取巧的对立，苦难压迫和坐享其成的对立……小说在一组组的对立中书写荒诞的戏剧人生。戏剧元素在这部小说里俯拾皆是。两场戏剧《序幕》与《独幕剧〈四体〉》将小说的开端与结局搬上了舞台，使读者从小说身临其境的鸿篇叙事中脱离，以陌生化的处理拉开文本与读者之间的距离。小说多次描写在派出所等办公场所打牌、审讯嫌疑犯、院子里还蹲着一堆拷着的嫌犯的场景[1]，严肃紧张与荒唐不正经的对立之中，戏剧感扑面而来。这不是一种小说情景上的重复，而是一种戏剧性场景的强调，一种特定氛围的反复制造，甚至也可以理解为是戏剧舞台程式化设计在小说里的运用。[2] 这种跨文体的方式具有极强的荒诞感，在戏剧和星空维度传达自然宇宙观与人性因果论，超越了时空的局限，增添了探索人类发展进程的历史纵深感，完成了形而下和形而上的融合。

《星空与半棵树》在大至"星空"、小至"半棵树"之间，擘画了北斗村、北斗镇、永安县以至省城、京城等广阔盛大的人世间。小说通过多重叙述视角的切换和视点转移，以安北斗和温如风为主要的乡土叙述人物，以金色猫头鹰为异化的四维叙述者，在多声部的奏唱中反映基层政府干部和新式农民的状况，呈现出了与传统乡土社会不同的乡村想象。小说巧妙地融合了"出访—劝返"的新型离乡/归乡模式，往复式结构、复线式结构、楼梯式结构等情节结构，以及利用对立、荒诞表现手法等深层结构，将新乡土性气质贯穿小说叙事的始终。陈彦在叙述策略方面进行了对传统的融合与创新，鸿篇叙事却繁而不乱，为新乡土小说叙述提供了经验和样式。《星空与半棵树》的叙述策略纷繁复杂，体现出作者深厚的文学功力，同时新乡土的主题开拓，农民上访的情节补充，为尝试构建治理有效、乡风文明、生活富裕、生态宜居的新乡土文化家园提供了广阔的思考空间。

---

[1] 陈彦. 星空与半棵树［M］. 北京：人民文学出版社，2023：3.
[2] 阎晶明. 集合优势力量的小说总攻：关于陈彦长篇新作《星空与半棵树》［J］. 扬子江文学评论，2023（5）：41-46，69.

反叛与异质性审美：浅论罗兰·巴特[①]"零度写作"中的解构美学思想

2021 级　叶丛榕

　　摘要：罗兰·巴特《写作的零度》是在语言学革命背景下对传统写作的一次巨大颠覆与反拨。"零度写作"是建立在语言本体论上的一种对意义渗入文本的排斥，认为灌注了意义的语言沉重而僵死，毁坏了语言的生长机制，制约着语言表达意义的多样性和丰富性。而"零度写作"指的是中性的、非感情化的写作，这种写作方式往往被认为是一种"乌托邦式"的愿景。但无论如何，"零度写作"为我们展示了一种姿态——永恒的质疑和反叛姿态。由罗兰·巴特精心建立起来的"零度的乌托邦"其实包蕴的是个人在强大的意识形态机器倾轧下"知其不可为而为之"的悲剧性挣扎，它所代表的，是一个知识分子的良知。

　　关键词：零度写作；罗兰·巴特；辩证美学

　　罗兰·巴特是法国结构主义文论批评大师，其对符号、结构以及后结构理论的研究为当时以及后来的批评理论提供了崭新的研究视角。从《写作的零度》开始，罗兰·巴特进行其理论的建构与解构，并毕生致力于语言结构的分析和符号科学的研究。他的"零度写作"理论可以说是其思想的草蛇灰线，对其做理论阐发有助于更全面地认识和把握他的思想。罗兰·巴特的"零度写作"所提倡的"语言自由"成为从语言本体论角度出发的对人之自由理想的终极关怀，也成为 20 世纪语言学转向思潮中的主流。本文聚焦于

[①] 亦译为罗兰·巴尔特。

罗兰·巴特"零度写作"中解构主义观点的深层展开，试图发现罗兰·巴特"乌托邦式"审美意识建构下的悲剧性反叛与拆卸。

一、"零度写作"实质：话语权利的斗争

罗兰·巴特的"零度写作"理论带有早期马克思主义思想的痕迹。他用马克思主义的辩证唯物论和意识形态实践论观念来分析语言和文学发展的历史，揭示了古典主义及其资产阶级写作的真相，即写作主体的积极介入使写作成为了社会意识形态的工具，"显然是一种阶级的写作"，语言也只是"一种少数派的和特权的阶级的语言"[①]。这种写作的语言趋于单一、单义，事实上"彻底清除了语言的一切可能性"，文学与写作仅仅是语言与政治联姻的结晶和象征。

古典主义或资产阶级的写作，使得作为写作本质属性的语言被异化。"零度写作"理论主张消除创作主体的观念意识介入，消除文学作品的社会意识形态性，将文学中的语言进行现象学的"还原"。"语言结构包含着全部的文学创作"，而当语言的表达不再受制于外在因素，即当创作主体可以任意自由地表达时，主体才可能获得解放和解脱。也只有当写作不再是政治和价值的代言，主体才可能用一种"自由生产的语言"进行写作。这种现代性写作本身就是一种自由的标志，"在此写作的姿态中肯定我的自由"。显然，"零度写作"理论的提出，其价值已远远超出对文学及其写作历史真相的揭示，而是透过文学与写作表现出对创作主体、对人之自由的终极关怀。有人认为罗兰·巴特以零度写作的语言自由反对萨特的"介入"的伦理自由，这其实只是看到了问题的一个侧面。其实他们都以自己的方式积极介入着这个社会。如在罗兰·巴特的著作《恋人絮语》中，语体和风格都是相当散文化的，即给予散文主题一个结构性情境，结构本身有情境或画面的面向，语言的窸窣呼应着身体的战栗。尤其在后期《明室》中言及结构仅是"在此"，罗兰·巴特在文本形式上实践着他的解构主义策略，从而确立语言符号在文学创作中的核心位置。

尽管罗兰·巴特有意强调写作的独立、自由，但正如我们所看到的，写作自其诞生的那一刻起，就不是一种纯然的个人化行为。罗兰·巴特赋予写作的自由只是一种期许，现实中的写作却始终被压制、奴役以至于湮没。

---

① 罗兰·巴尔特. 写作的零度 [M]. 李幼蒸，译. 北京：中国人民大学出版社，2008：17.

"语言从来也不是纯净的，字词具有一种神秘地延伸到新意指环境中去的第二记忆。写作正是一种自由和一种记忆之间的妥协物，它就是这种有记忆的自由，即只是在选择的姿态中才是自由的，而在其延续过程中已经不再是自由的了。"① 这就是写作与生俱来的品质，人的思维所形成的记忆自诞生起深深地契入到写作中。罗兰·巴特以"零度写作"理论和语言结构理论揭示了古典写作与现代写作的秘密：古典写作与现代写作的形式图景、法则和语言本质最终在澄明了什么是写作、什么是古典写作、什么是现代写作以及被政治写作所包蕴的革命式、马克思主义式、思想式等价值写作之后，在语言的地基上提倡一种形式主义的、与社会意识和思想相分离的非使命写作，即"白色书写"、零度写作和不及物的中性写作。零度写作为主体的语言自由表达、主体风格的自由展现、艺术形式的自由选择开拓了一片广阔的天地。②

二、"零度写作"语言：后现代式乌托邦的建构

罗兰·巴特后来在论述符号学理论时，将辩证的零度理论阐述得更为明晰。他说："确切地说，零度并不是虚无，而是一种有意的缺席。这涉及到纯粹的区别性状态，零度所显示的是所有的符号都具有在'一无所有'的状态下表达意义的能力。"

导言中第二部分提及乌托邦语言。对于罗兰·巴特来说，零度的写作就是某种乌托邦语言，它透明、无深度、无重量。"透明"，这个语言理想并不算新颖，在写作的语境中，透明指无声音也无形象的语言，而声音和形象于索绪尔而言正是能指的构成要素。所以这不是悬搁所指造成的能指的"狂欢"，而是要求能指本身的空洞无物。人们常常可能会认为罗兰·巴特强调的语言针对于取消所指，即摒除概念预设与社会评价及其功用，然而"透明"在此再进一步，能指被缩减为只剩能指的空洞形式时，自指产生了新的意指动力，也就是他自己所说的"能指的星河"。罗兰·巴特的乌托邦语言在能指之上，也在风格之上：去除对偶的风格、去除声音与形象的能指，"透明"才得以完成无中介的交流或者无中介的全部在场。

与乌托邦语言并行的是导言里"无需文学的作家"。"无需文学的作

---

① 罗兰·巴尔特. 写作的零度 [M]. 李幼蒸, 译. 北京：中国人民大学出版社, 2008: 13.

② 蔡洞峰. 语言乌托邦及其审美: 试论罗兰·巴尔特零度写作理论的辩证美学思想 [J]. 海南广播电视大学学报, 2004 (2): 18 – 20.

家"，可以和"作者之死"关联在一起，"无需文学的作者"与"无需作者的文学"或许是一体两面，一切记号之不在如果正是作者之不在，那么记号本身即作者，由此作者即其创造。而透明世界——人与人之间没有边界，正如语言与语言之间没有边界。《写作的零度》中罗兰·巴特认为语言结构是语言行为的界限和场所，但乌托邦语言比语言结构更进一步的地方，在于它不是众多文本的互文世界，在解构主义约定俗成下，互文往往有更深蕴、更广阔的场所。而乌托邦语言本身就是一个场所，取消了界限。

在《文之悦》一书中，罗兰·巴特又将阅读的乐趣分为快乐与极乐两种：快乐是阅读古典作品时的情绪体验，而极乐是阅读现代的可写之文的体验。古典作品符合读者的历史与文化视野，符合读者既有的阅读习惯，它带给读者的也只能是一般的快乐。与此相反，给读者带来极乐体验的现代之文是将读者"置于迷失之境的文本，令人不适（或许已达厌烦的境地）的文本，它动摇了读者的历史、文化、心理设想，割断了他的趣味、价值观与记忆"。[①] 零度写作所产生的文本带给读者的正是这样一种极乐的体验。

因此罗兰·巴特说："探索一种无风格或口头的风格，探索一种零度的或口语级的写作，总而言之，这就是对一种绝对齐一性的社会的期待。"[②] 尽管文学与语言，作家与写作中存在着辩证的矛盾性，然而，文学作为语言的构成、作为一种对自由的追求，文学写作是关于语言美学的"一种热切的想象"、"理想的预期"，这象征着人对自由完美新世界的追求和向往。正是在这个意义上，罗兰·巴特断言"文学应成为语言的乌托邦"。

三、"零度写作"态度：永恒质疑和反叛的姿态

罗兰·巴特的"零度写作"理论之于二十世纪西方哲学的语言论转向具有相当积极的意义，但其对零度写作的分析也有自身的困惑。一方面，他要通过"零度写作"去扬弃萨特式的那类政治、神话、革命、阶级性的写作误区；另一方面，他在强调零度写作的同时，又对加缪所进行的零度写作实验不无忧虑。问题在于，这种所谓的中性写作，自身又设立了一个中心，即语言中心。在罗兰·巴特看来，根本就不存在无语言的思想，也不存在无思想的语言。然而语言本身却包含着深刻的经验。

---

① BARTHES R. The Pleasure of the Text [M]. New York: Hill and Wang, 1975: 14.
② 罗兰·巴尔特. 写作的零度 [M]. 李幼蒸, 译. 北京: 中国人民大学出版社, 2008: 79.

或者是语言本身带出了文学在当代的全部困境,文学被导向语言问题,同时也被导向四分五裂的生存图景。零度写作理论与其说是哲学性质的、科学的、语言结构的,还不如说是美学的、形式的、个人的;与其说是概念的、理论的、对写作的全新规范诠释,不如说是小说的、想象的、对写作的一种乌托邦式的理想期待。罗兰·巴特将文学倾斜于语言学,试图使语言在与意识形态的分裂中,获得一种语言结构和语言表达的自由,在对普遍的、自然而自由的语言追求中,期待实现人绝对自由和平等社会的到来。

但是罗兰·巴特所大力提倡的零度写作的批判力如何同样也值得怀疑。所以,《写作的零度》没有给我们提供一个结论,却为我们展示了一种姿态——一种永恒质疑和反叛的姿态。正像罗兰·巴特在《摔跤世界》中说的那样:摔跤的目的不是为了争个输赢,而在于"以夸大的姿态将动作的意义推至极限";① 同样,不管是提倡抑或否定零度写作,其目的都不是为了切实锁定一种特定的写作方式,而在于通过展示一种姿态来昭示反叛的行为自身。

四、结语

《写作的零度》中,罗兰·巴特说:"文学应成为语言的乌托邦,就是说文学在明知不能超越语言樊篱的情况下,依然紧忙地朝向一种梦想的语言。"② 那么罗兰·巴特这样一种对写作语言的改革究竟有何意义呢?笔者认为,"零度的写作"彻底剥去了"资产阶级写作"温情的面纱,深刻地揭露了这种写作给文学带来的巨大灾难。"零度写作"与其说是一种新的写作方式,不如说是一种姿态,这种姿态不是要消解主体性,而是给主体更多的选择自由,充分发挥主体的创作才能。③

罗兰·巴特在《S/Z》中对巴尔扎克的中篇小说《萨拉辛》进行了一次无情的"肢解"实验。他用一本书的篇幅去解释一个中篇,确定了可以称为"碎拆"的解构策略把文本拆成碎片,否弃其单一的意义,确证其意义的多元性。从此罗兰·巴特把"文学作品是一个完整对象"的观点转向了"文

---

① 罗兰·巴特. 神话:大众文化诠释 [M]. 许蔷蔷,许绮玲,译. 上海:上海人民出版社,1999:4.

② 罗兰·巴尔特. 写作的零度. 李幼蒸,译 [M]. 北京:中国人民大学出版社,2008:108.

③ 马文渊. 从《写作的零度》看巴特的美学思想 [J]. 郑州铁路职业技术学院学报,2006,18(2):15-16.

学作品只是一个文本的动态构型过程"。现在，语言不再是一种普遍的语法结构，相反，语言首先是一种情不自禁的扩散，一种对结构和语法的奋力挣脱，语言存在着一种自我的逆反，它是一种永不枯竭的差异性游戏，是各种各样的歧义在玩弄、游戏的暧昧场所。无论是写作者抑或阅读者，他们都可以在这个领地内逃避现实，尽情享受语言游戏带来的欢乐，不倦地进行着自身的创新。但无论如何，这一由罗兰·巴特精心建立起来的"零度的乌托邦"，其实包蕴着一个人在强大的意识形态机器倾轧下"知其不可为而为之"的悲剧性努力，它所代表的是一个知识分子的良知和努力。

广州地名文化传承与中小学课堂融合的现状与对策研究

2022 级　邓博扬

基金项目：文化语言学视域下广州老城区地名文化的传承路径研究，华南师范大学 2021—2022 年度国家语言文字推广基地语言文字应用研究专项课题（主持人：邓博扬，立项时间：2021 年 12 月 5 日）

摘要：地名文化是中华优秀传统文化的重要组成部分之一，其传承对于赓续中华文明具有重要的意义。广州作为一座历史文化名城，拥有丰富的地名文化。为推动地名文化保护与传承意识的广泛形成，地名文化传承迫切需要与中小学课堂教学深度融合。本文采用文献综述法、问卷调查法、深度访谈法、扎根理论等方法，对广州地名文化传承与中小学课堂教学融合的现状进行研究，并进一步提炼以学生为中心的地名文化传承要素、活动与路径，对深化地名文化传承与中小学课堂的融合提出对策建议。

关键词：广州；地名文化；传承；中小学课堂；融合

一、研究的背景

地名是组成语言词汇的重要部分，其语言形式背后又隐藏着丰富的文化内涵，从而反映了人类历史社会各个层面的历史风貌。广州地名作为广府文化的文化特质形式之一，小到街巷牌坊，大到区名市名，不仅具有粤语特色读音和字词，还映射了广府文化底蕴和广州社会生活变迁。这些都是珍贵的广州历史文化底蕴和中国历史文化底蕴。广州市委、市政府印发的《广州市关于在城乡建设中加强历史文化保护传承的实施意见》强调，不得随意更改老地名，始终把保护地名文化遗产放在第一位。同时，广州市努力推进地名文化的活化利用，重点开展地名历史文化的保护与传承。

（一）传承地名文化对保护中华优秀传统文化和坚定文化自信具有重要意义

地名文化多被表述为一个地方语言、历史、地理、文化的缩影，有着独特的地域特征和文化特色。在刘保全、李炳尧所著的《地名文化遗产概论》中，对地名文化进行了系统的论述。书中认为，地名文化的基本结构包括了两个层面：一是地名语词文化；二是地名实体文化。地名语词文化属于语言文化范畴，是地名文化的基本内涵。地名语词文化主要包括地名的读音、文字书写、由来含义等语言、历史、地理等文化知识。地名实体文化属于地域文化范畴，既是地名文化的基本内涵，也是地名文化的外延。地名实体文化主要包括地名实体所承载的历史、乡土等文化内涵。由此可见，传承地名文化对保护中华优秀传统文化和坚定文化自信具有重要意义。而鉴于传承主体对地名文化的认知水平普遍停留在实体文化层面，本文主要聚焦地名实体文化的传承路径进行调研。

（二）地名文化传承与中小学课堂融合是弘扬传统优秀文化的迫切需要

中小学课堂是传承地名文化的理想场所之一。从课程构建与学生发展角度来看，将地名文化知识融入不同学科课堂符合构建跨学科融合课程的时代要求，有利于促进学生全面发展。从文化传承与知识传播角度来看，地名承载了特定区域中特定人群的目的与记忆，是文化记忆的重要部分。对传承来说，地名中的精华部分是具有继承性内涵的地名，它们一般反映该地区独特的历史沿革、民俗民情、文化风韵等。[①]

中小学课堂作为以教授知识为目的的教学场所，其本质有利于地名文化知识在中小学生群体中的传播与传承，进而为地名文化传承、地域文化的保护打好基础。

研究广州市中小学课程中地名教学资源运用的现存路径、传承效果与存在问题，有利于加深广州市中小学生对地名中包含的具有地域特色的语言形

---

① 张伟明. 地名规划的内涵分类及内容[J]. 中国地名, 1997 (3): 20-21.

式及中国传统文化知识的了解，提高对本市文化的认同感及自信心；同时，有利于展现具有广州市地域特色的地名文化魅力，进而增强本市地名文化传承与传播的自觉意识。

二、广州地名文化与中小学课堂融合的现状调查

为了深入探析广州市地名文化的传承路径，了解中小学生对地名文化的熟悉程度，以及地名文化在中小学的传承活动方式，本文对广州市中小学课堂与地名文化融合的现状开展问卷调查、实地访谈。在地名选择上，本文参考《广州市地名志》（1989年版）目录中6个地名编与其下属约1 850个地名，依据普及性选出3个类别、20个地名。在维度设计上，问卷分为中小学生对地名及地名文化的了解程度、对不同地名文化内涵的倾向性、参与不同地名文化活动的倾向性、学生角度下地名文化传承路径现状共4个维度。

（一）广州市中小学生对地名文化了解程度的问卷调查

本文以广州市中小学生为对象，采用线上问卷发放形式，收到问卷332份，有效问卷332份，并使用SPSS 25 64bit进行数据分析。问卷的信度检验方法采用计算各变量的内部一致性系数（Cronbach's Alpha值），问卷的Cronbach's Alpha值为0.903（大于0.700），说明该因子分析得较好。问卷的效度检验中KMO取样适切性量数为0.844（大于0.700），Bartlett球形检验显著性为0.000。因此，本问卷调查的信效度较高，数据有较大的参考价值。

（二）广州地名文化融入中小学课堂的路径访谈

为了解教师视角下地名文化在学校、政府层面的传承路径信息，同时收集教师对地名文化融入中小学教学、地名文化传承的态度与建议，对广州市中小学教师进行访谈，并运用扎根理论构建地名文化传承路径模型。访谈提纲的设计共分为地名文化传承路径、地名文化融入教学的重要性与必要性、教师对中小学生传承地名文化的态度、教师视角下中小学生的地名文化了解程度四个部分。

本研究对分别来自7所广州市中小学的7位教师进行了深入的线上或线下访谈，其中包括：2位语文教师、2位数学教师、3位信息技术教师；从所教学段上看，则包含3位小学教师、4位中学教师。访谈对象的选择能够反映不同学科、不同学段的教师视角下对访谈问题的不同回应。

（三）广州地名文化与中小学课堂融合的方式方法

1. 广州市地名文化在中小学课堂的传承活动

作为与学生频繁接触、向学生传授知识、对学生进行能力培养和价值整合的对象，教师是地名文化传承中十分重要的一环。通过归纳访谈内容得出，地名文化在校园内的传承活动主要有综合实践学科活动、班主任主导活动、文科教学与研究性学习、网站制作竞赛与校本课程共五种，其组织主体均为教师与学校。

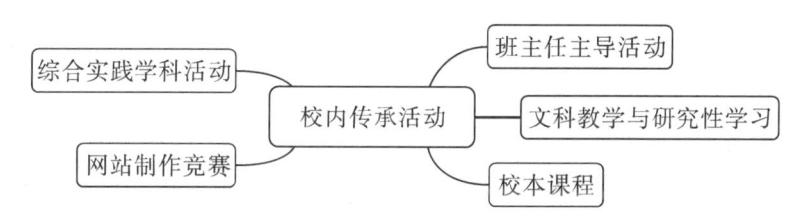

图1　广州市地名文化在中小学课堂的五种主要传承活动

2. 广州市地名文化在中小学生课堂外的传承活动

校外传承路径是地名文化传承路径的另一重要组成部分，其涉及的组织主体主要为政府组织主体。

在地名文化传承路径中，政府组织主体位于教师、学校组织主体的上层，同时也位于组织主体层次的顶端。政府组织主体行为有直接或间接影响地名文化传承的宏观能力，直接影响体现在政府下属教育局的课程标准、课程设置，间接影响体现在营造有利或不利于地名文化传承的氛围，如"双减"政策为学生提供更多的课余时间，有利于地名文化传承等。通过归纳访谈内容总结了以家长组织主体、政府组织主体为主要组织主体的校外传承活动。

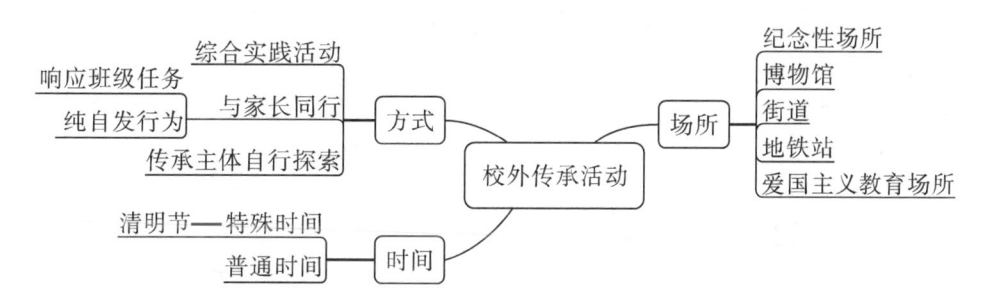

图2　广州市地名文化在中小学生课堂外的主要传承活动

三、广州市地名文化在中小学中传承的主要特征

（一）课堂实践在地名文化传承中的参与度不高

学生视角下的传承路径主要与家长组织主体相关，与教师/学校组织主体主导的课堂活动的关联度较低。经过数据分析得出，广州市中小学生了解地名的主要方式为实地出游和口口相传两种（"跟同学/爸爸妈妈出去玩"选项的百分比最高，为49.3%；"听老师/同学/爸爸妈妈讲述"的百分比接近前者，为46.9%；其他方式合共不足4%，占比甚小，与前两种方式的占比差距甚大）。可见，在地名文化传承中，传承主体受家长组织主体的影响较大，地名文化传承活动较少出现于教师主导的课堂教学实践中。

同时，受教学内容的规定、个人精力的有限、相关教学资源缺乏的影响，高年级教师对地名文化融入课堂的意愿低于低年级教师，这也减少了地名文化融入课堂的机会，不利于地名与地名文化保护意识的形成。

（二）校外活动是广州地名文化传承的主要途径

在校外传承活动中，除了家长组织的活动，媒体组织主体同样促进学生对地名文化的传承。二者延伸出的传承路径能够基本覆盖中小学生的校外生活。网络媒体对地名文化的传播在地名文化传承途径中占比最大，其次为实体阅读，再次为政府宣传，最后为祖辈相传与实地参观。通过开放式与主轴式编码，可总结出七个子范畴、一个主范畴、一个核心范畴。子范畴包括"网络文本材料""实体文本材料""多媒体材料""政府组织主体的社会性行为""家庭组织主体的行为"与"实地熏陶"，主范畴为"传承主体的传承方式"，核心范畴为"地名文化传承路径分析"。

统计子范畴对应原始文本的频次可知，"网络文本材料"的频次最高，为学生传承地名文化的主要方式。可见多元的媒体组织主体创造的地名文化传播推动了学生对地名文化的传承，为传承路径提供了互联网支线。

（三）中小学生对历史地名的了解程度较低

广州市中小学生对黄花岗、中共三大会址等反映广州近现代化的地名熟悉程度与认知程度最高（总响应为3508），其次为文化地名（总响应为3055），最不了解历史地名（总响应为1001）。历史地名是因历史现象而命名的地名，有些已不再使用，它们构成地名文化的底层残留。中小学生较少

接触与了解这类地名，同样反映出学生现阶段不太了解广州历史，组织主体也缺乏相应的引导或知识储备。

（四）不同学段中小学生对地名文化内涵的理解程度存在较大差异

地名实体文化的内涵包括历史事件、旧称、神话传说等多个方面，而不同学段的学生对不同方面的选择不同。通过交叉表分析得出，小学生（占40%以上）倾向于了解地名文化中的神话传说故事，中学生（占40%以上）则更喜欢了解地名文化的历史由来与历史现象。这说明面对不同学段的学生，教师可以采取不同的地名文化教学策略，从而达到增强教学效果的目的。

四、广州地名文化传承与中小学课堂融合模型的构建

为了更好地将广州地名文化与中小学课堂教学进行融合，本文采用扎根理论对访谈进行各级提炼与编码，再以问卷作为补充，构建了具有四个组织主体、一个传承主体、多种传承内容的广州地名文化传承与中小学课堂教学融合模型。

首先，采用扎根理论对访谈结果材料进行编码分析，第一步为开放式编码。通过开放式编码得出共17个初始范畴：传承主体认知能力，传承主体生活经验，传承主体年龄，传承主体知识特征，传承主体课余时间，传承主体的传承积极性，传承内容分类，教师组织主体知识特征，教师组织主体实践积极性，教师组织主体的教学内容，教师组织主体的意向，教师组织主体的知识储备，家长组织主体的行为，学校组织主体的观念，政府组织主体提供的环境，教育局组织主体的行为，政府组织主体的社会性行为。第二步是主轴式编码。通过主轴式编码得出共6个主范畴：传承主体，传承内容，教师教授，家长响应，学校引导，社会环境。第三步是选择式编码。通过选择式编码，提取核心范畴为广州地名文化传承与中小学课堂教学融合的路径。

然后，结合中小学生视角下地名文化的传承方式的问卷统计分析，归纳出图3的"传承主体"主范畴、四个广州市中小学生地名文化传承路径的组织主体（政府、教师/学校、家长/家庭、媒体），构成广州地名文化传承与中小学生课堂融合的主要路径。

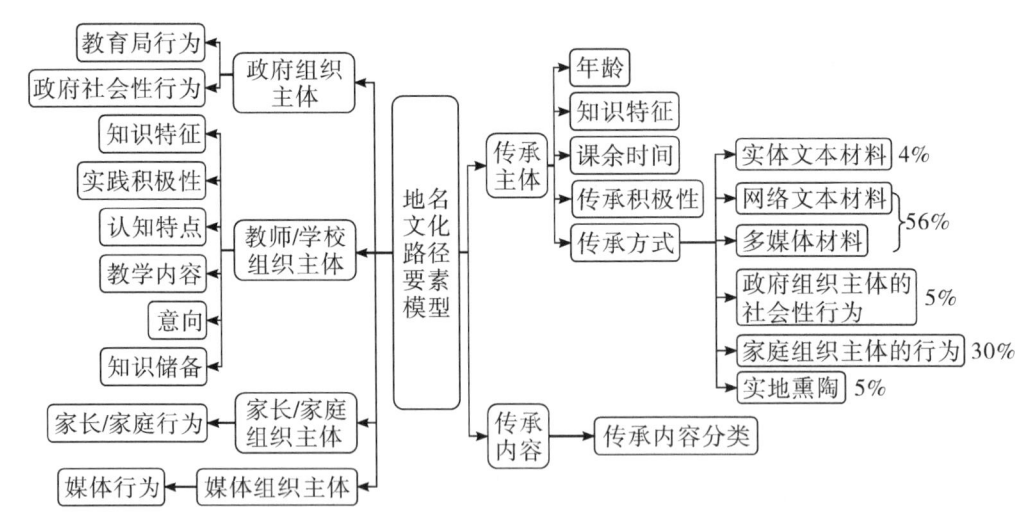

图3 广州市地名文化传承与中小学课堂融合模型

五、广州地名文化传承与中小学课堂融合的建议

从广州地名文化传承与中小学课堂教学融合的模型可以看出，中小学生是本研究设定的传承主体，是地名文化知识的接收者，而教师、家长、学校、社会等角色则是传承路径中的组织主体，是地名文化传承路径的组织者。在归纳地名文化传承路径与访谈记录的基础上，本研究针对传承路径的不同因素为中小学提出以下建议，以促进广州地名文化的推广传播。

（一）学校层面：组织融入地名文化传承与课堂融合的实践活动

一方面，运用交叉表分析得出小学生最喜欢通过春游或秋游传承地名文化。另一方面，传承地名文化（尤其是地名实体文化）离不开实地参观，而中小学的综合实践课堂恰好利用春秋游机会开展相关的实践活动，将实践活动作为课堂的延伸，而且，开展地名文化综合实践活动适合用研究性学习的方式，能够培养学生的问题意识、地名文化保护意识。

（二）教师层面：将地名文化传承与课堂教学适当融合，形成合力

在对教师进行访谈时，团队发现受访教师在一致认可地名文化对中小学生的好处的同时，对地名文化融入教学这一措施的态度产生分歧，其中认为非必要与认为有一定重要性的受访者数量分别接近50%，这与教师、学校组

织主体的子范畴有关。从教师的教学内容、知识储备范畴来看，文科教师将地名文化融入教学的可能性远大于其他学科教师；从学校观念、教师实践积极性范畴来看，地名文化并非课标知识点，不宜强制作为教授内容，主要可根据教师的判断穿插于教学中，如以阅读材料的形式呈现，也可依照学校教育理念开设短期第二课堂等，以提供相应氛围而非知识传递为目标。

在教师对课程搭建方面，地理因素在语文教学中的重要性未得到充分发挥，语文教师对于古典诗词中的地理意象与文化意蕴较少提及。可见，地理因素作为语文教学中不可或缺的重要组成部分，尚未完全得到语文教师的重视与研究。文化地理学与初中古典诗词相结合的教学研究成果较少。语文教师对文化地理学与语文教学相结合的教学思路、教学模式缺乏了解，相关研究成果与资源难以应用于语文课堂。

在语音教学方面，语文教师可在教学中融入部分地名的方言读音，以丰富学生对现代汉语语音的了解，助力地名规范化表述并传承当地方言文化。语文教师扩大地理知识在语文教学中的运用，采用 STEAM 项目式教学，基于教材文本对地名进行合理挖掘、讲授地名背后的文化内涵是一条可行的教学路径。

（三）教学层面：积极探索将地名文化传承与课堂教学融合的多元化教学策略

中小学生对历史、文化类地名的了解程度相对较低，可侧重历史、文化类地名的推广。在教学策略方面，可以向小学生教授更多的神话传说知识，向中学生教授更多地名的历史由来与历史现象知识。同时，可借助相关的网络文本与多媒体资源向学生展示，如自媒体等，在增加课堂趣味的同时拓宽学生对地名文化传承平台的认知，有助于学生自主探索地名文化知识。校方还可以在校本课程中增加地名文化的浓度，如小学的第二课堂和中学的校本课程等。地名文化本身涵盖社会多方面，在课程中能够连接与整合政治、文化、经济等多个育人要素；地名的实在性又有利于同时建立"学校—校际—区域"之间多空间融通的课程共建共享机制。

（四）政府层面：加强地名文化资源开发，帮助中小学提升地名文化传播力

本研究在教师对地名文化融入教学的必要性与重要性并无明显认可态度这一现象进行教师组织主体子范畴归因的同时，也有访谈原始材料证据支撑其进行政府主体行为子范畴归因，即教师在期待政府营造有利于地名文化传承的氛围作为地名文化融入教学的更优解。政府可以加强相应社会景观的设

计，如路牌设计、保护历史牌坊等。同时，政府可开发辅助课堂的教学资源并将其落实到课堂内容中，提高教师使用相关资源的意愿，形成有效的课堂推广助力。

（五）家庭层面：加强正确引导，培养中小学生对地名文化认知的兴趣

虽然在"双减"背景下，教师的压力依旧不减，但家长正在对学校课程进行更多的关注。家长、家庭是距离传承主体最近的组织主体，能对传承主体产生非常直接的影响。虽然本研究未直接对家长、家庭进行访谈与问卷派发，但从教师的访谈分析中可得知，家长响应是班主任组织的地名文化活动达到目标的重要因素。家长结合学校与政府的地名文化相关活动，积极组织、参与亲子探究活动，让中小学生充分感受地名文化传承的氛围，培养他们认知、传播地名文化的浓厚兴趣。